U0067681

新生技投資聖經

看懂台灣生技股的第一本書。

感謝您購買旗標書,
記得到旗標網站
www.flag.com.tw

更多的加值內容等著您…

● FB 官方粉絲專頁:旗標知識講堂

● 旗標「線上購買」專區:您不用出門就可選購旗標書!

● 如您對本書內容有不明瞭或建議改進之處,請連上
旗標網站,點選首頁的 聯絡我們 專區。

若需線上即時詢問問題,可點選旗標官方粉絲專頁
留言詢問,小編客服隨時待命,盡速回覆。

若是寄信聯絡旗標客服 email,我們收到您的訊息
後,將由專業客服人員為您解答。

我們所提供的售後服務範圍僅限於書籍本身或內
容表達不清楚的地方,至於軟硬體的問題,請直接
連絡廠商。

學生團體　　訂購專線:(02)2396-3257 轉 362
　　　　　　傳真專線:(02)2321-2545

經銷商　　　服務專線:(02)2396-3257 轉 331
　　　　　　將派專人拜訪
　　　　　　傳真專線:(02)2321-2545

國家圖書館出版品預行編目資料

新生技投資聖經/羅敏菁作.
　-- 臺北市:旗標科技股份有限公司, 2023.11
　面;　公分

ISBN 978-986-312-766-6 (平裝)

1. CST:生物技術業　2. CST:製藥業　3. CST:投資分析

563.5　　　　　　　　　　　　　　112014013

作　　者/羅敏菁

發行所/旗標科技股份有限公司

台北市杭州南路一段15-1號19樓

電　　話/(02)2396-3257(代表號)

傳　　真/(02)2321-2545

劃撥帳號/1332727-9

帳　　戶/旗標科技股份有限公司

監　　督/陳彥發

執行企劃/楊世瑋

執行編輯/楊世瑋

美術編輯/陳慧如

封面設計/陳慧如

校　　對/楊世瑋

新台幣售價:630 元

西元 2023 年 11 月 初版

行政院新聞局核准登記-局版台業字第 4512 號

ISBN　978-986-312-766-6

Copyright © 2023　Flag Technology Co., Ltd.
All　rights　reserved.

本著作未經授權不得將全部或局部內容以任何形
式重製、轉載、變更、散佈或以其他任何形式、
基於任何目的加以利用。

本書內容中所提及的公司名稱及產品名稱及引用
之商標或網頁,均為其所屬公司所有,特此聲明。

目錄
CONTENTS

推薦序

第 **1** 篇

投資很簡單,只要分清獲利模式

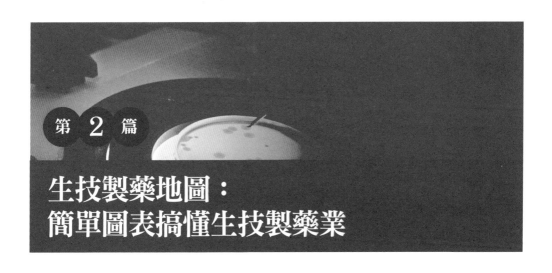

第 **2** 篇

生技製藥地圖：
簡單圖表搞懂生技製藥業

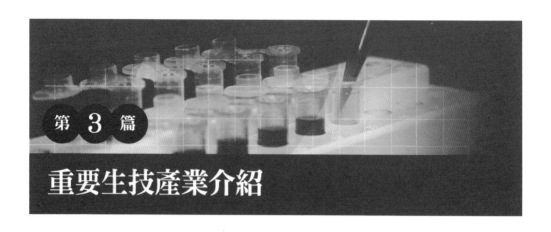

第 **3** 篇

重要生技產業介紹

3-9　AI 加速新藥開發並提高成功機率　171

3-10　血糖計產業　175

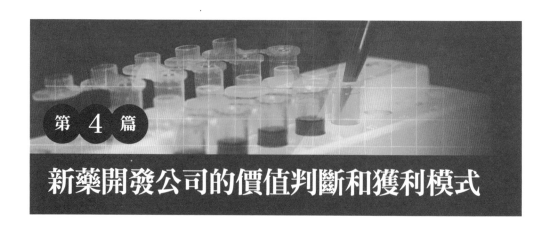

第 4 篇

新藥開發公司的價值判斷和獲利模式

4-5　新藥公司的獲利模式－隨授權進度投資新藥公司　206

4-6　新藥研發公司投資訣竅　213

第 5 篇

從市場面談生技投資

第 6 篇

實案操練：
將產業知識應用於個股基本面分析

推薦序

林成蔭

生技界的領航者

航運界有一群特殊的人，專門在船舶進入港口和峽灣時，指揮船舶安全而且經濟的從甲地到乙地，他們叫做 "引水人"。在台灣要當引水人，必須通過一連串包括從二副到船長再實習的考驗，才能勝任這個 "領航" 的職務，因為其工作需要豐富的水文地理知識和專業航海技術。

投資也是一樣。

進入不熟悉的領域，要保護資金的安全又想擁有優異的績效，我們需要這個行業的 "引水人"，幫助我們避開藏在水中的暗礁，和兇惡的漩渦，才能抵達夢想中 "流著奶和蜜的應許之地"，獲得較他人更加豐厚的報酬。

美國歐巴馬總統的演說、中國大陸十二五計畫，到台灣的六大新興產業都指出同一個方向：生技醫療。這個區塊將成為未來最具爆發力的族群，資金和人才迅速往這個領域集中，可說是商機無限，台灣的相關企業相繼上市櫃形成聚落，可惜的是專業知識造成投資的障礙。

敏菁正是我們需要的生物科技界 "引水人"。

生技醫療相關的投資資料本來就有限，大多充斥專業術語，加上冷門艱澀的名詞，令人望而卻步；有些則是從財務角度出發，固然和藹可親許多，但是其中個別公司競爭力究竟差異在哪裡？為甚麼本益比高低相差許多，不夠深入，總有隔靴搔癢之感。

在本書出爐後，一切都將豁然開朗。例如，文中提到原料藥的重要性，一語驚醒夢中人。以往法人總認為原料藥公司不須做耗時耗資的臨床實驗，其投資價值評等有限，但是敏菁指出：台灣原料藥品質略勝印度和中國，客戶都是國際大廠，而且須要主管機關和藥廠客戶的定期查驗，故進入門檻不低，有一定的分量。可以說，看完她的解說後，我才對投資生技醫療產業有了清楚的輪廓和信心。

敏菁更列出生技的產業地圖、獲利模式、價值判斷，節省分析時間，最後再從現有市場面單刀直入，加上實際案例佐證，讀者可以按圖索驥，詳細比對，至少增加生技投資十年以上的功力。

這個市場，要再找到實際待過生技和投資業界，實際操作績效驚人，還願意分享私人密技的資深高手，幾乎可以說是鳳毛麟角，我不禁為讀者感到慶幸：

謝謝妳，敏菁！

林成蔭

目前為財子學堂創辦人暨投資部副總、安理資產管理執行副總、富鴻理財資深副總。Money 錢雜誌 2010 年 12 大精準人物、證券分析師認證。經歷：萬寶投顧基金事業處執行副總、新光投信協理、組合基金經理人、政府四大基金代操經理人、中國國際金融理財標準委員會中國專家委員會廣東金融學院國際 CFP 項目中心講座、證券暨期貨發展基金會講師、台北金融研究發展基金會講師。

著作：股海樂活-簡單投資 八步致富。

Cooper

請拿好釣竿　準備釣生技大魚

"早知道…"，這句話大家一定都是從小就會講的一句話。如果人生可以重來，如果可以早知道…，今天大家就不需要在這裡拾起這本能夠吸引您目光焦點的投資用書了。

自小即對勵志文章、傳記沒多大興趣，因多是歌功頌德，甚少有在面臨人生重大抉擇、陷入失敗困境下等負面、焦慮的情境中掙脫多有著墨詮釋，教導後進們如何避免陷入相同情境。縱然那抉擇的背後有著道德與邪念的心戾交戰，然而，那樣的經驗都是我等後輩所器重，倚賴吸取的寶貴經驗。

對一個食品科學出身，曾經在家帶七年小孩才二度就業，又從生技實驗室跳到人生地不熟的金融業，這心路歷程實充滿了辛酸。如果不是一些意外，今日我等是無此機緣可以看見這本投資工具書的完成，這樣的鬥士精神才是值得學習。此等情境正如蘋果公司共同創辦人賈伯斯 2005 年在加州史丹福大學畢業典禮演講，當中的一句話：各位無法預先串連人生的點滴，只能在回顧時將其串連起來，因此必須相信這些點滴總會以某種方式在未來串連。是十分貼切的形容本書作者 羅敏菁小姐。而我更相信，這樣的串連一定會發生在每個人身上。

《聖經 馬太福音 5:3》：謙卑的人有福了；《漢書 魏相傳》：驕兵必敗。這用在投資學上也是相當受用。現代的所謂專家，都喜歡賣弄名詞，從滿口中英夾雜、專有名詞滿天飛到現在的語出驚人，深怕沒人知道你滿腹經文，可是，天曉得，聽得懂又看得懂的投資大眾到底又有多少，其實這也是個人我一直警惕自己的地方，說話要讓聽的人能懂，文章要讓看的人能了解。所以，謙卑的人寫出來的文章才是真智慧。我喜歡本書筆者寫來白話，讀者看來輕鬆的導讀方式，簡單、易懂、用圖型關聯記憶的模式帶入投資領域裡，關鍵是教育投資人如何分類，分辨生技領域中在不同獲利模式下各產業屬性的平均基準，以作為投資上的定錨，如此則可知股價貴賤之所在。超出定錨以上一定水位，高出；跌落定錨以下一定水位，低進。

我們很感謝 羅敏菁小姐願意加入財子學堂，在學堂網站上不遺餘力，願意站在投資人的立場，協助投資者以正確觀念評估公司，並期以導正投資觀念，就正如同財子學堂創辦的理念一樣：如果你只是要來找魚吃，期待從本書中找到明牌，對不起，這裡沒有等著送上門的魚；我們所提供的這一學習交流平台，是期許各位能在投資理財領域上找到適合自己的釣魚方式，最終達到相關知識與財富增長的好處，所以，請各位拿好釣竿，讓財子們陪你釣魚去！

Cooper

目前為財子學堂駐站財子，早年在台灣擔任自營商操盤人，多年財訊專欄主筆經歷與財經節目常駐名嘴，曾任投信投顧公會監事，亦擔任過大中國地區股市的研究與操盤，目前從事國際金融性衍生商品與證券交易。

劉首信

生技投資的眼睛

生技醫療產業，對絕大多數的投資人而言，是晦澀難明的產業。它不像電子產業廣泛深入每一種世代與日常生活。更不像塑化紡織的石化原物料，雖牽一髮而動全身，但還有一個清晰的脈絡規則可循。生技產業在台灣上市類股的分類下，勉強歸為化學類。而在上櫃類股中，雖有正式的「生技醫療」的名稱，但已經讓人望文生畏。

在投信與證券的產業分析師縮編之際，龐大而複雜的生技醫療產業，果真就因陋就簡分配給化學產業分析師。然而，電子產業已成為顯學，常見電子電機背景的碩博士投入金融投資的領域。這二年傳統中概產業興起，投資圈增加石化產業及物流業背景的分析師，也時有所聞。但是，卻從未聽說，有那個投資機構，願意禮聘生物醫療背景的碩博士，來引導生技產業的投資與評估。

聖經上說：「瞎子領瞎子，兩個人都要掉到坑裡。」難怪近年來生技類股的股價表現，往往只在個股輪動完畢之後的空窗期，進行落後補漲。或是近期有大型的生技論壇，早被有心人卡位，進行消息面的渲染而拉高出貨。在投信法人圈內，還未聽聞在基金投資組合裡的生技類股，有膽識持股超過半年以上的。

因為不懂，所以不敢。在巴菲特的投資哲學裡，他絕對不投資不懂的產業，而長期性獲利不穩定的產業，他也絕對不投資。所以巴菲特從未投資電子股。但是在生技醫療產業，巴菲特卻是情有獨鍾，在最新一期的 2011 年 Berkshire Hathaway 半年報裡，他所投資的生技類股有：嬌生（Johnson & Johnson）、葛蘭素史克（GlaxoSmithKline PLC）、寶鹼（Procter & Gamble）、賽諾菲（Sanofi Aventis, 代謝與心血管疾病治療）等。顯見生技醫療產業，對巴菲特而言是簡單易懂，而且產業進入障礙高，更是恆常性的高獲利行業，可以長期性投資而不受世界局勢的紛擾。

曾在生技中心、榮總癌病中心實際工作的羅敏菁小姐，是投資圈難得一見生技醫療專家，她曾經穿著隔離衣，從事癌症疫苗的開發。並且也跟著一群博士，在人體最強的樹狀細胞，進行免疫治療實驗。一直在最尖端的生技醫療產業的學術殿堂裡，發光發熱。多年後，她實際參與生技創投公司的財務及生技專業分析，從長期投資的眼光，來評鑑一年200多家國內外的生技投資案。能夠在生技醫療產業的最前線砥礪磨練，與創投產業財務預測、錙銖必較、權衡未來競爭優勢，羅敏菁小姐可說是我們投資界的瑰寶。

羅敏菁小姐是我的眼睛，因為她，在生技醫療產業的投資，我才不致變成瞎子。這本「生技投資聖經」深入淺出，非常口語化。她碰到什麼類型的生技產業，什麼類型的生技產業就照亮起來，並且用常識、邏輯、清晰的文字和熱切的心腸推崇並分析每一種類型的生技產業，與新藥開發的價值判斷。她所剖析的各種知識層面，使人心火熱起來，也開啟了我的興味和眼光。這本書很夠份量，每一位有辨別能力的讀者，恐怕不容易忘記閱讀並消化它的經驗，忠心的研讀這本書，將引導許多認真的投資人，進入到豐盛的產業。

劉首信

目前為財子學堂駐站財子，曾為兩屆基金金鑽獎經理人得主、政府四大基金全權委託經理人、群益證券自營部協理、統一投信全權委託投資經理、建弘投信店頭市基金經理人、建弘投信萬得福精選基金經理人、建弘投信廣福基金經理人、富邦投信分析師。

推薦序

水采田

生技投資的觀星圖

我們孩提時，都喜歡看星，反而長大後到處尋找人工化的浪漫。繁星點點，閃爍的星光像是向自己傳話，但一般人並不認識星宿，只能幻想智者勾劃出來的星座形態，比瞎子摸象更不如。在新經濟下，很多人認同生技醫療會是未來投資市場的一處亮點，到處尋找相關投資標的，但普遍認識不深，知其有為卻難為，依然是瞎子摸象，羅敏菁小姐的新作正好派上用場。

敏菁用簡單易明的方法，由淺入深，向讀者介紹生技醫療行業的基本概括，勾劃出生技類股的面相，層次分明，恰是一張生技類股的觀星圖。敏菁很用心，也照顧到讀者的需求，釋放讀者原本望之生畏卻嚮往之的矛盾心結，原來認識生技類股並非如想像中艱澀，只要掌握產業特性，明白產業內不同屬性的獲利方法，再配合投資評估，讀者便可了解生技相關個股的狀況，然後進行投資判斷。

更難得的是，敏菁並非紙上談兵，而是很實在的將生技類股分析透徹，一次吃到飽，由介紹產業分類開始，再給讀者裝上生技製藥產業 GPS 座標計，了解產業鏈中不同定點的位置與價值，找出具有發展潛力的生技次產業，也說明新藥開發公司的價值，更從市場面談到投資生技類股的技巧，而且列出不少實例與讀者分享，不可多得。

其實，敏菁本身就是一個活生生的投資案例，值得分享。人生的路，從來不容易走，正如投資，不會說絕對沒有風險。在人生不同階段上，總有起伏，只要認清目標，就算偶爾迂迴，有時曲折，只要努力不懈，朝目標前進，總有成功的時候。敏菁能夠將所學的食品科學與企管知識結合，用在後來的生技投資上，說來輕鬆，但絕非容易，當中固然有人生際遇的偶然，更多的是敏菁自己努力的必然成果。事後回看，敏菁當年回家帶了七年小孩，誰說不是一種成功的磨練？

敏菁輕鬆帶過食品科學與企管知識的互動因果，說來有趣。人口壓力對糧食需求上升，農業技術改良促成糧食過剩，食品科學穩定糧食價格，過度行銷又導致消費者營養過量，於是食品科學又開發更多低熱量健康食品，環環相扣，倒像今天困擾世界的債務危機源頭循環：由缺乏至獲得，由獲得至過量，由過量至付不出，然後重回缺乏。世上有很多事，換了天地，原來相似人間。

財子學堂是一群有心人的成果，敏菁也是財子學堂一顆耀眼明星，希望兩者都繼續發光，更亮。

水采田

目前為財子學堂駐站財子。曾任香港政黨的經濟顧問、BBC 及美國之音的客座中國經濟顧問、香港前三大證券公司主管、國際創投基金創辦人等，其文筆生動詼諧，趨勢觀察遍及世界，專業素養與人文關懷兼具。在處處追求金錢利益的投資市場中，人文關懷投資家用另類的角度讓投資人看到更大的投資回報。

拼圖客

從笨鳥慢飛到眼光精準的生技老鷹

在一般人的眼中，投資專家多半具備理性分析、專精財務、數字邏輯、深耕產業等特質，但在我看來，敏菁小姐不但涵括上述特質，更兼具感性敏銳與美學素養的人文情懷。閱讀本書，不但讓讀者學習如何將一個複雜萬千的生技產業簡化到輕鬆評估的投資方法，更有多幅的藝術創作讓瀰漫功利的投資心靈得到平衡。

作者理性與感性的交融特質，讓原本令人生畏的生技醫療產業，開啟一扇讓投資者可以輕鬆進入的大門。

敏菁小姐在自序中謙虛的自我形容是笨鳥慢飛，笨鳥面對一個如此高深難懂的產業，已經是千頭萬緒，最後還要把這些產業與公司的評估變成投資決策，種種的艱難歷程，反而造就了這隻笨鳥悟出化繁為簡的生存之道，讓一位曾經是家庭主婦的生技門外漢，一路摸索至一鳴驚人的投資報酬率。

笨鳥也能變成老鷹，這是我感受到敏菁小姐想傳達給各位讀者的鼓勵。

從敏菁小姐所發表的好文在財子學堂網站上，得到眾多網友的持續追蹤與喜愛，不難發現生技醫療領域的投資，既熱門又需要導師領進門。

生技投資如同作者的藝術創作，一張好圖勝過千言萬語。在本書中，作者使用大量的圖表，讓讀者易於閱讀與理解，省去繁雜艱澀的說明，一看就懂是敏菁小姐在本書想要傳達的重點，簡單學會生技投資就是生技業笨鳥成為投資界老鷹的心得。

「師父領進門，修行看個人」，作者不但帶讀者進入看似深宮大院的生技醫療投資領域，而且將這迷宮樣的求經之路繪製成易懂易學的藏寶圖。敏菁小姐不只將讀者領進門，連修行的道路都幫忙鋪設好了，接下來只剩照表操課、按圖索驥的執行工作。

目前，投資生技醫療的工具書在國內並不多見，即便有，對於專業投資者而言，也是艱澀難懂，更別提一般的投資大眾。現在我們有了這本可以按圖索驥的投資寶典，相信在生技醫療產業日益受重視的年代，對投資者而言實屬福音。最後預祝讀者看完本書後，都能從生技投資的笨鳥變成眼光精準的老鷹。

拼圖客

目前為財子學堂駐站財子。歷經證券研究員、證券研究部主管、基金代操經理人、集團操盤人。

讀股求敗

撥雲見日　生技投資很簡單

財子學堂是個理財學習交流的平台，可以讓每個人在此平台上學習到各種產業專家的意見與投資方法。參與過台股投資的投資人都知道，台灣的產業投資從早期流行的金融資產股後來轉變為高度成長的電子股，接著是近年因為大陸市場崛起開始熱門的中概股，但是大家公認產業知識進入難度最高的就是政府近年來積極推動的「生技起飛鑽石行動方案」的生技類股。

早期台灣生技類股研究並未受到重視，主要是因為電子產業的產值長期都佔據台股市值很重要的地位，電子產業由於繁雜，上下游之關聯性一直都是台灣證券業的產業研究重點，過去在電子產業研究能取得先機者，通常能夠獲得豐厚的投資報酬，但是近年來，電子產業下游受到大陸工資成本高漲、競爭者增加影響，製造業的毛利率持續下滑，上游半導體業者、設計業者也由於競爭增加、科技產品生命週期縮短，獲利率也大不如前，最後甚至產生像 DRAM、TFT 產業大幅擴充投資之後，最後卻因受到景氣影響，而產生大幅虧損的現象出現，讓當初高檔買進看好長線發展的投資者心灰意冷，由於電子產品需求受到經濟景氣循環的影響越來越高，要獲取電子業的暴利也越加困難。

對照之下，早年在台灣產業產值不大，且學習進入障礙高的生技產業，近年來卻逐漸受到政府與民間的重視，早期研究生技產業，頂多就是血糖儀、代步車、血壓計這種醫療器材產業，由於與台灣電子製造產業類似，研究分析難度並不高，早期台灣製藥類股也由於掛牌多以學名藥為主，新藥公司並不多，加上目標市場以台灣為主，業務成長空間與獲利成長性並不高，雖然台灣這些所謂的生醫類股的產業景氣較不受經濟循環影響，但是能夠吸引投資者目光者仍少，但是近年來，台灣生技產業蓬勃發展，醫療器材類股產品品質受到歐美日肯定，加上大陸市場逐漸開拓，成長性已經漸被長線投資者認同，另外台灣新藥公司蓬勃發展，原料藥公司品質也受到歐美法規國家認同，加上未來蛋白質藥的研究開發，台灣生技產業的百花齊放時代已經來臨，研究生技產業的難度也更加困難。

財子學堂的生技專家羅敏菁小姐，藉由其在生技產業研究與創投業界十多年的寶貴經驗，在此書中整理並剖析生技產業的研究方法與評價模式，對於想研究與投資生技產業卻不得其門而入的投資大眾們，無疑是一大利多，透過本書詳盡的分析內容，也可讓投資大眾們撥雲見日，終於能夠了解原來投資生技也可以很簡單。

讀股求敗

目前為財子學堂駐站財子。財經與理工科系高材生，多年投信研究員與基金經理人資歷，曾任台股旗艦型基金經理人，頭頂金獎與標準普爾台灣基金獎雙桂冠，為新世代台股基金戰將。

維股力

兩兆雙星　生技起飛

很高興看到又有財子要出書，也很榮幸能為讀者推薦這本有關生技方面的書籍。常言道：隔行如隔山，生技醫療方面原本就是較艱深的課題，醫學及醫藥方面研讀的時間需要較長，研讀的人似乎也較少，所以這本書的問市相信是大家的福音。

一般電子或其他產業的訊息在眾多報章雜誌較容易被揭露或報載，當然也是這些領域的專業人士比較多。相對的，要能把生技相關產業分析得清楚、報告寫得好，或報章雜誌要能有條理及邏輯性要能很清楚的，確實是不容易。以個人在教職及投資領域多年經驗分享，羅敏菁小姐這本書可以提供讀者生技產業的專業性、精闢分析及有投資的邏輯等優勢。

羅小姐學經歷背景可說相當完整，有產業界的經驗對相關生技產業的了解及分析自然會比一般人更深入也更易懂，加上有 MBA 的研究訓練、及創投多年的實務經驗，理論結合實務更能增添其分析及投資等功力。特別是文字淺顯易懂，適合所有人閱讀，確實是生技投資者不可缺少的投資手冊。生技產業在研究過程是條艱辛的路，在研發或臨床實驗過程中及未通過上市前都是在燒錢，但一旦通過上市，自然是獲利無窮。因此對投資生技有興趣的讀者，這本書將帶你快速入門，掌握更多更佳的資訊。

本書以簡單的生技製藥地圖，讓讀者可以簡單搞懂生技製藥業，甚至對初學者也有很清楚的導讀教學，這是一般生澀的生技書籍所沒有的，初學者可照其指示讀完第一篇後，選擇自己熟悉的營收型生技公司，再配合第五篇一般生技投資技巧和第六篇的投資案例分析，達到事半功倍效果。同時書內也將產業詳細分類成醫療器材股、醫療管理與通路、製藥公司評估重點、保健食品公司、原料藥公司、及新藥公司，並有詳細的個股分析搭配。擁有這本書，對生技有興趣或對投資有興趣的讀者更是一大輔助利器。

全世界的人口在 2011 年 10 月 31 日正式突破七十億人口，人的生老病死總免不了需要生物醫療，尤其是結合科學的進步，讓人類能活的更健康、達到延年益壽。而台灣也面臨高齡化社會，生技醫療更是急需發展以準備這高齡化社會的到來。事實上國內為加速產業升級，提升國際競爭力，經濟部早於 2002 年就擬定「兩兆雙星產業發展計畫」，生物技術就是其中的一星。政府政策是扶植生技產業「兩兆雙星、生技起飛」，生技產業的重要性自然不在話下，未來的產值也不容忽視，研讀這本書便能掌握更多重要資訊。

維股力

目前為財子學堂駐站財子。電機學士，財管碩士，旅居國外多年，曾任證券公司研究部主管、大專財金科系教授、財經雜誌主筆。投資經驗超過 20 年，專研兩岸三地證券投資。

自序
Preface

生技醫療是個龐大、高深，挑戰科學極至，又兼顧人性的產業；而生技投資人員更是
不乏頂尖名校，同時身兼 M. D. Ph. D., and MBA 的優秀人才，俊男美女比比皆是；而筆者
我，食品科學出身，曾經在家帶七年小孩才二度就業；又從生技實驗室跳到人生地不熟
的金融業；笨鳥慢飛，一路辛苦！但幸運地不負長官栽培之恩，繳出投資績效 119% 的
成績（至2011年8/31 為止，可能更高，也可能更低）；感謝唸 MBA 時一本教科書前頁的一
段話激勵了我，我也想趁本書出版機會，鼓勵一些和我一樣曾經處於困境的人，莫被框
框局限，找出自己零碎的優點，努力做自己！

那本書的書名是 Contemporary Strategy Analysis, 2000 年第四版，作
者 Robert M. Grant，在書中第五頁，Grant 以知名女藝人 Madonna 為例，他說 Madonna 論
歌喉不如 Whiney Houston，論舞技不如 Janet Jackson，但是 Madonna 善用策略聯盟，使
她變成全世界收入最高而且事業最常青的女藝人；策略是 Madonna 成功的原因。

我很笨，我離策略應用還差很遠，但我看到 Madonna 描述自己是個很有紀律，習慣早
起，掌控一天的人，讓我相信 "努力和紀律" 是成功的基本條件，策略運用只是讓它成效
倍數擴大的運轉機，沒有努力光有策略是無法長久的。

在投資上也是相同的道理；努力做功課，再加上策略思考，根據自己的優劣勢，建立您
自己的投資組合！

1990 年我離開財團法人生技中心時已是副研究員，但在離開台灣七年想重回職場時，一切歸零，四處無門，我差點去當安親班媽媽；後來找到榮總癌病中心國科會助理的工作，勉強活口，雖然白天要與一堆實驗室可憐的老鼠為伍，但晚上榮總開放到九點半的圖書館卻是我最大的自修機會。

當時正是免疫治療、基因治療研究最熱門的時期，榮總圖書館有最完整的醫學期刊，而榮總和陽明大學合作，我可以接觸到最聰明的醫生和研究生，去聽最先進的醫學演講，所以我拼命吸收知識，以彌補我七年的空白。

1998 年我轉入產業界，從事癌症疫苗開發，我們使用乳酸菌加入腫瘤抗原，做成不同的癌症疫苗，也利用人體最強的樹狀細胞進行免疫治療實驗（樹狀細胞功能的發現者 Ralph Steinman 在 2011 年終於拿到諾貝爾獎）；我負責公司的成立及後來的管理工作，研究工作則是由更有能力的博士們進行。這期間我也負責籌劃幹細胞保存業務，後來被汐止最大的一場大火潑及，計劃被迫中止。

2003 年有幸加入生技創投，評估國內外生技投資案，最忙的時候，每年評估二百多個案子。由於有產業經驗，加上美國 MBA 課程的訓練，我看案子還滿快的，一邊看案也一邊學習，幾年內又吸收更多歐美先進的技術，2006 年寫了一本「生技百科」的書，介紹歐美先進生物技術和股市。

我發現在食品科學和企管這二個課程裡，對我的生技投資頗有助益。

食品科學曾經是台灣八大重點發展科技之一，大家都不知道有這段歷史吧！全球曾經發生過糧食危機，所以如何運用技術保存糧食是當時不下於石油危機的重要課題；民以食為天，養不飽人民，國家就容易發生動亂，因此食品科學繼十大建設後，被排入重點發展科技。

當時的食品科學要修化學、物理、機械、生化、微生物、酵素，我們對各種食品生產和保存技術十分熟悉，例如微生物發酵、冷凍乾燥、無菌保存、食品分子內的化學交互作用；大部分的生產技術和製藥是可以相通的，只是食品科學只能局限在較安全的物質上發揮，不像藥物可以應用的分子和技術更多元。我尤其喜歡大量生產和計劃蓋廠的課程，這對後來評估投資案時很有幫助，比較有基礎評斷營運計劃書量化的合理性。

糧食危機促進農業技術改進，後來變成糧食過剩，食品科學發揮保存技術，調節供需，間接穩定農產品價格；而市場過度行銷造成消費者營養過剩，為了健康，食品科學又應市場需求，開發低熱量素材、保健食品…；簡單來講，食品科學是個很好玩，而且很貼近市場的科學；所以我投資時會先考慮市場需求面，較少投資曲高和寡的案子。

而企管課程除了基本財務之外，我唸的學校特別注重 Entrepreneurship，即新創公司如何向創投募資的技巧訓練，所以對寫營運架構、如何以有限資金進行長期規劃、創造差異…等等都很熟悉；當我反向變成創投時，會特別注意某些營運架構的存活性，這可能是我投資失敗率較低的原因。創投因為投資時間長，風險比現股投資高出許多，我投資時會考慮到整個產業的未來發展、技術或產品是否有取代者…等等較長線的問題。

寫這本書時，混雜著我微不足道的成長歷程，有投資面、有科技面、有公司經營面，每個地方都沾一點點，但都談不上專業；就因為沒什麼學歷背景，寫起書來反而沒太大壓力；所以，請各方專家包涵了！

本書僅能提供釣魚方法，但何時下海則要參考更即時的資訊嘍！

再版前言

十年過去了，台灣生技表現很棒，脫胎換股、內外兼美、國際發光！筆者也有與榮焉！

2011 年筆者草擬本書時，台灣生技類股以保健食品、傳統內銷製藥、血糖計公司為主，有外銷者只有原料藥公司。十年後的台灣生技，製藥股新秀，例如美時、保瑞，已站穩國際外銷；原料藥股的台耀、旭富及生泰持續維持國際寡佔優勢，營收穩健。血糖計則面臨電子醫材技術的侵入，只有技術提升才能每年繳出好成績，如泰博，保健食品公司的大江、葡萄王、生展則持續開發新產品，每年獲利都有一定的水準，渡過全球不景氣與新冠重創。這些有長期企業經營理念的公司，都值得我們再關注。

在新藥開發方面，藥華藥和中裕，最後自己拿到藥證，行銷國際，而小資的智擎、國邑，各以美金 2.2 億，2.4 億授權國外，投資回報幾十倍。至於合一生技，則創下台灣有史以來最高的新藥授權，5.3 億美金，讓大家對台灣新藥重拾信心，而整個生技類股也重新蓬勃發展！

科技進入細胞治療領域後，2017 年 CAR-T 細胞治療在各式淋巴癌展現史無前例的八成治癒率，全球轟動。美國、中國到處成立細胞治療公司，然而台灣悄無聲息。終於在 2022 年，長聖先公佈其下一代的 CAR-T 設計，採用無排斥可現貨供應的 Gamma Delta T 細胞，植入腫瘤抗原 HLA-G，並用 PD-L1 對付癌細胞的狡詐，即異體現貨固體癌的 CAR-T，後來居上，擠入國際競爭。而另一細胞治療公司育世博，則是 ACC (antibody-cell-conjugate) 平台公司，把 antibody 共價鍵結到 Gamma Delta T 細胞，使這些年輕力壯的 T 細胞長眼睛，戴上不同鏡片就可以辨識不同固體癌（Click Chemistry 技術），這和 2022 年諾貝爾獎技術相關，台灣登上國際前緣！

所以，這十年來的生技進展，在資源不如國際的台灣，靠中小企業型態支持新藥開發的台灣，能有這麼多的好公司，吸引電子資金投資，台灣生技的努力，一步一腳印的堅持，真令人感動！

另外，我們也要感謝台灣媒體朋友和網站的支持，如 Genet，和環球月刊，報導艱澀的生物科技和國際進展，開拓我們的視野。也感謝分析師們，努力追蹤生技公司發展，讓台灣整個生技產業，呈現活潑的投資熱情。

台灣生技發展，我們從各領域來共同經營，共同成長！

這十年，台灣生技有很大的轉變：

公司數，營收總值，市值皆創高

近十年來，台灣生技類股由不到 50 家，到至今的 200 家。製藥外銷從 2018 年的 300 億元，到 2022 年已經超過 400 億元，光是今年，成長率就超過 20 %；而生技股市值在今年 9 月更來到驚人的 1.39 兆元，短短半年，成長率超過 15 %！

善用國際併購轉型

過往台灣只會一毛一元的賺死錢，後來製藥業也學會利用國際併購，在景氣最差的時期併下國際好公司，獲利大轉身。例如保瑞，2022 年營收達 104 億元，每股 EPS 達 18.5 元，再創新高！

接受國際入股，創造雙贏

過往台灣企業怕外人進來爭奪管理權，而走不出大格局，但美時，憑藉國際查廠通過的產業資源，吸引到冰島 Alvogen 集團，並接受 Alvogen 入股。經過 5 年努力，美時從台灣不是很有名的製藥公司，轉型成國際困難學名藥公司，在戒毒藥和血癌藥，靠專利缺口打入江山，配合 Alvogen 的美國法規與通路資源，獲利大增，EPS 年年上升，跳至16元。

靠腦筋授權，為公司注入活水與能見度

智擎和國邑，均是中小企業型態的小生技公司，靠腦筋，以最小新藥開發成本，成功授權國際。智擎是以合併治療，找到切入胰臟癌的機會，並授權給當時缺藥的 Merrimack；國邑是以選藥（肺動脈高壓），改善病患生活品質（使可一天只用二劑，安然入睡），獲得 Liquidia 專業藥商（specialty pharma）的青睞。這二案例都是靠腦筋而不是大把金錢猛燒亂燒，提供給更多的新藥公司參考。

靠腦筋加入國際賽道

前述的細胞治療，台灣本來落後全球，卻在全球碰到細胞瓶頸時，得有突破的機會。細胞治療最大缺點是沒有現貨，病人必須苦等，而錯失黃金治療時間，筆者曾經多次分析細胞治療優缺點，很高興看到台灣有二家公司開發未來的現貨細胞，並且在技術上產生區隔，不是過往的 me-too 技術。雖然成功尚須臨床實驗驗證，有創新的開始，就有授權的希望。

更懂臨床設計，增加成功機率

經過十年，各方的資源訓練，台灣新藥人才更了解如何利用選藥、選市場，和設計臨床實驗，來提高臨床成功機率。例如漢達，目前手上滿滿利基學名藥，或改良型新藥，不斷授權。

發展面向更多元

十年前，台灣靠血糖計產業養活很多公司，近年則看到台灣在眼科產業發展良好，主要拜人口老化之賜。除手術與治療連鎖醫院之外，隱型眼鏡代工也成為台灣主力之一。另外，台灣新藥公司也進入中重度乾眼症與黃班病變的新藥開發，如全福、仁新。這二家公司都以短短幾年時間，就把新藥送入三期臨床，十分積極，有效率。

回顧這十年，台灣生技在幾次的落底後又重生，都是靠實質獲利，這也讓炒作之風，逐漸回歸到基本面。而台灣新的新藥公司，又改變傳統，迅速切入國際，這些都讓資本市場對台灣生技更有信心。

祝福台灣生技生生不息，臨床實驗都成功！

羅敏菁

2023.9.19 於淡水紅樹林

本書導讀
Introduction

台灣以電子產品名聞全球，但在代工毛利愈來愈小，產品壽命愈來愈短的二十一世紀，尤其在經過 2008 年全球金融風暴洗禮，各種消費性產品不支倒地，各國債務又像一顆顆未爆彈隨時引爆的今日，生技製藥較不受景氣影響，無季節國籍區分，在全球老化人口劇增之下，生技類股無疑地是投資組合不可或缺的標的！

在台灣，股票代號 17xx、31xx、41xx、47xx、64xx~67xx、69xx、82xx、84xx 都屬於醫療照護產業 (Health Care Industry)，或泛稱的生技相關類股。

醫療照護產業含蓋廣泛，凡和醫護相關的行業，例如醫療器材、醫藥通路和服務、生技製藥等等都屬於之，其中市場最大的是生技製藥，其次是醫療器材。

生技是新藥開發的基礎，沒有生物科技大量人才和資金的投入，人類的健康福祉可能停滯不前；醫療器材主要用來偵測和減輕疾病，與藥物搭配，相輔相成；而藥物通路和醫療服務則是隨著製藥和醫材而來的產業，和民眾的接觸最直接。

所以整個醫療產業看起來複雜而龐大，但分類清楚後，其實很容易理解各自的角色和價值。

醫療產業沒有大家想像得那麼艱澀，只要把產業特性分清楚，搞懂不同次產業的獲利方法，大部分都可以用傳統智慧 (Street Wise) 進行投資判斷，只有少數次產業須要專業知識和評估技巧，例如原料藥、學名藥、新藥開發…等等，而像醫療器材代工業，本質上是個已成熟的產業，主要追蹤營收成長性即可，投資上沒有太大的進入障礙。

所以本書先將台灣生技相關個股進行分類，分別點出投資評估重點，由簡而深，先了解與生活相關的醫療類股，然後再進入進階篇，介紹大家最不熟悉的原料藥、單株抗體、檢驗試劑、⋯平常有聽沒有懂，卻又是最有潛力的投資標的。

本書目的是協助投資者以正確觀念評估公司長期競爭力，至於股價變動則是混合基本面、消息面和籌碼面等各方變數的角力，必須加入 " 投資心理學 " 及 " 投資潮流學 " 加以調整和修正，這會在書本最後提及。

而對於個股不同營運模式造成的價值差異也不在本書討論範圍內，因為書籍篇幅有限，對時事也無法做出快速反應，這部分則在網站上做即時的互動。

▌本書分成六大篇：

第一篇依獲利模式進行生技類股的分類，讀者選擇自己熟悉的生技類股投資，才能掌握該公司的未來成長性，記住巴菲特的投資原則一" 投資您熟悉的公司 "，不要勉強追逐投資潮流！

第二篇則是筆者突破傳統，以投資者角度，精心繪製的生技製藥產業地圖；地圖可以提供初入其境者方向和所在位置，所以讀者可以利用本書的產業地圖，了解您的投資標的在整個製藥產業的地位(position)和價值(value)。

第三篇則將第二篇的大地圖再一個個拆解到更深入的原料藥、單株抗體藥物、單抗試劑…等等台灣最有發展潛力的生技次產業！而對於走在時代尖端的細胞治療和幹細胞產業，在國內外為何沒有形成獲利狀態，也一併分析之。

新藥開發費時耗力，風險很高，一旦成功取得權利金後，睡覺也賺錢，所以第四篇就來介紹一下新藥開發公司如何以授權金獲利。

而談這麼多生硬的產業話題，大家都要打退堂鼓了吧！哦，千萬不要放棄，再硬的科技也無法脫離市場的心理和力量；所以第五篇我們要從市場面和大家聊聊生技投資的本益比和股價，和荷包短兵接觸，不可不看！

第六篇則舉些國內外生技案例，從個案學投資！

初學者可以讀完第一篇後，選擇自己熟悉的營收型生技公司，再配合第五篇一般生技投資技巧和第六篇的投資案例分析，即可下場牛刀小試；等行有餘力，或想打敗一般人，挑戰超額利潤時，再回頭加強第二篇至第四篇的生技製藥遊戲規則。

相信讀者在閱讀完本書後，也會是生技投資高手！

全書導覽 🔍

投資很簡單，
只要分清獲利模式

本篇導讀 Introduction

六張表格教您簡單投資生技！你不用是生技專家也可以打敗生技專家！

人口老化，對生技治療及新藥的需求有增無減，生技製藥絕對是二十一世紀的重點投資標的，可是生技公司五花八門，生技名詞有聽沒有懂，一般人如何抓住機會，搭上生技投資熱潮？

生技投資其實很簡單，只要分清楚各公司的獲利模式，大部分都可以用傳統思維判斷投資時點，只有少數次產業須要專業知識以辨良窳！本篇告訴您生技股如何分類，個個擊破！

1-1 簡單學會評估生技醫療股

在台灣, 股票代號 17xx、31xx、41xx、47xx、64xx~67xx、69xx、82xx 或 84xx者, 都被歸為生技相關類股, 更正確講法應為 "醫療相關產業" (Health Care); 其中包括醫療器材、醫療通路、原料藥、製藥、新藥開發、保健食品、健身器材…, 產業含蓋面廣泛, 營運模式也大不相同, 無法混為一談。

但是若以獲利模式進行分類, 就會發現生技公司獲利方法不外乎產品銷售、代工利潤、管理服務費和權利金收入幾種方式；只要做好分類, 認清公司獲利方法, 投資生技一點也不難！

圖 1-1 ▷ **醫療產業獲利模式**

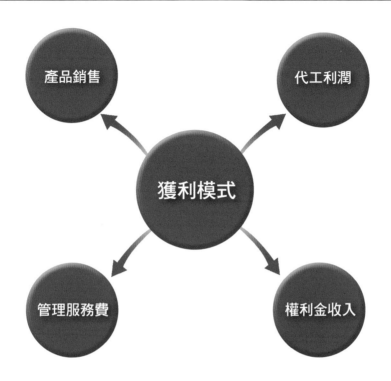

　　台灣生技醫療類股的上市、上櫃公司約上百家，各式各樣的公司都有，有製藥公司、新藥開發公司、醫療通路公司、藥品兼保健食品公司、生技服務公司⋯琳瑯滿目，令人眼花撩亂；各種奇怪的名詞有聽沒有懂，還愈聽愈糊塗；如何判斷公司實力？媒體報導是真是假？是否會錯過投資機會或掉落無底深淵？

　　其實生技類股的投資沒有那麼複雜，只要把各家公司所屬的產業分清楚，明白它們的獲利方式，即可做出投資判斷；像台灣的醫療器材公司大部分以代工為主，銷貨收入就是醫材公司的獲利方式，所以每月追蹤營收成長性即可做出投資判斷。

　　而醫療管理公司，例如**佳醫**的洗腎事業，由於政府還未開放醫院掛牌，所以佳醫旗下的洗腎中心雖然有醫生有護士，但只能以洗腎藥品或耗材做為營收來源，因此類似的醫療管理公司不管其醫院或診所如何門庭若市，納入公司收入的項目主要為耗材、儀器銷售或租賃，所以評估有無通路擴點計劃，並觀察每月營收就可抓到買賣決策。

　　一般投資者須要另外花時間學習的是**產業競爭狀況**、**營利模式**和**法規**，至於其他評估項目，如公司誠信、經營團隊是否把股東利益擺在私利之上、大股東有否大量質押……等等，都和一般上市櫃公司的評估方法差不多。

　　我們可以把台灣生技醫療股大致分類為幾個區塊，有些區塊用傳統智慧 (street wisdom) 評估，有些則要用國際該有的評估方法評比。

醫療器材股：
觀察獲利成長性

　　如果是創新的醫療器材，有可能因為突破性的技術而被國外大廠併購 (如侵入式治療)，但這種情形不太可能發生在台灣已上市櫃的醫材股身上，因為台灣股市特性，除非有不錯的營收才能轉上市櫃 **註**，否則只能擺在興櫃股，於是造成只有衝營收的代工性醫材公司，或普及性的消費型醫材公司才能上市櫃，因此醫材股的投資判斷反而用一般思維即可。

註 雖然未有營收的公司可向工業局申請高科技股上市櫃，但核准上市櫃的主管機關是證期局，證期局有其看法，結論是：除了很少數的例外，一般必須有獲利才能上市櫃。但近年來，我們也看到愈來愈開放的趨勢，許多沒有獲利或營收的公司 (尤其是新藥開發公司)，也能上櫃，這是一大進步。

　　台灣已上市櫃的醫療器材股，不管是電子醫材或生技醫材，基本上多為 Me-too 產品，不須要經過臨床實驗，只須文件申請即可上市，雖然各家公司有些技術上的差異，但市場會說話，最後都會反應在市場滲透率及營運管理的效率上，也就是營收和獲利上，因此以一般財務分析，觀察營收和獲利成長性即可；營收和獲利每月成長則加碼，連續數月衰退就要考慮停損出場；投資醫材股和投資電子股的判斷方式沒有太大差別。

　　至於醫材公司技術上的差異則會表現在本益比上面，技術好國際競爭力佳的公司，例如從事眼科人工水晶體及其植入系統開發的**奈米醫材**，由於進入門檻高且獨特，本益比同業高出許多。另外，處於熱潮當頭的產業，本益比也會被提高，例如新冠疫情嚴重時，從事快篩檢驗試劑的**泰博、寶齡富錦**，因股價提前反應未來營收，本益比也會衝高。

　　醫療器材股請見表 1-1。

表1-1 醫療器材股 : 主要追蹤獲利成長性

主要獲利方式		代碼	公司名稱	主要產品	2023年股本(台幣百萬元)	2022年營收(台幣百萬元)
血壓計	產品銷售	1781	合世	血壓計、體溫計	474	798
	產品銷售	4121	優盛	血壓計	849	4,345
	產品銷售	4735	豪展	血壓計、體溫計、吸鼻器	368	1,201
血糖計	產品銷售	1733	五鼎	血糖計	1,000	2,244
	產品銷售	4155	訊映	血糖計	1,149	1,484
	產品銷售	4161	聿新科	血糖計	524	768
	產品銷售	4183	福永生技	血糖計	238	463
	產品銷售	4736	泰博	血糖計與試紙、快篩試劑	953	9,627
	產品銷售	4737	華廣	血糖計	608	2,211
視覺輔助	產品銷售	1565	精華	拋棄式隱形眼鏡	504	5,003
	產品銷售	1813	寶利徠	PC光學、鏡片加工	466	362
	產品銷售	5312	寶島科	眼鏡行銷、隱形眼鏡	601	3,298
	產品銷售	6491	晶碩	拋棄式隱形眼鏡	700	6,321
	產品銷售	6747	亨泰光	訂製型隱形眼鏡	242	744
	產品銷售	6782	視陽	拋棄式隱形眼鏡	630	2,778

續前表：

	主要獲利方式	代碼	公司名稱	主要產品	2023年股本(台幣百萬元)	2022年營收(台幣百萬元)
儀器代理	產品銷售	1788	杏昌	洗腎耗材、藥品代理	445	4,690
	產品銷售	4138	曜亞	美容儀器、耗品代理	300	1,292
	產品銷售	4164	承業醫	腫瘤儀器、耗材代理	1,650	2,974
	產品銷售	4745	KY合富	腫瘤儀器、耗材代理	774	5,626
醫院用醫材	產品銷售	4106	雅博	氣墊床、抽痰器	1,009	2,664
	產品銷售	4107	邦特	血液透析相關耗材	693	2,010
	產品銷售	4116	明基醫	醫療服務、醫療設備、醫用耗材	446	2,951
	產品銷售	4126	太醫	抽痰管、真空引流產品	726	2,185
	產品銷售	4129	聯合	骨科器材、人工關節	881	3,169
	產品銷售	4163	鐿鈦	金屬醫材製造	483	2,413
	產品銷售	6796	晉弘	醫療光學、內視鏡	333	502
生醫材質	產品銷售	1786	科妍	醫療級玻尿酸	670	557
	產品銷售	4728	雙美	膠原蛋白	545	1,400
其他	產品銷售	4744	皇將	貼標機、裝填機	512	903
	標案與產品	8409	商之器	醫療電子化	320	384

醫療管理與通路：
觀察病床數及加盟點的擴充

表 1-2 的公司都歸屬於**醫療管理通路股**，因為至本書發行為止，醫療院所尚未被核准上市募資，因此類似的聯鎖診所僅能以藥物/耗材買賣、儀器租賃…等等營業項目做為營收來源，於是病床數及加盟診所是否能達到經濟規模成為主要獲利判定點。

而醫管又可分為二小塊：

● **一是 "醫生使用率" 較低的醫療管理**，例如洗腎、長期照護…這類型的醫療行為比較容易經由**醫管分離**達到綜效，即合併各中小型診所，每診所約 200 床，若能達到數千床規模，採用同一套管理和採購系統，即可達到經濟規模產生的效益；所以投資評估重點是**合併病床數**。

而當台灣市場飽合時，須有國外擴點計劃，當然大陸擴點是較容易的選擇，至東南亞就有語言和文化上的困難，須要時間或當地經理人的支援。

● **另一區塊是以醫師為主體的醫療**，例如牙科或眼科聯鎖公司，醫師薪資遠遠大於藥物耗材收入，公司要達到損益平衡的門檻較高，須要更多的加盟點聯合採購，否則較難獲利。

但牙科診所有個高獲利利器－植牙；眼科有個近視雷射治療，而醫美診所的各式雷射除斑、美白，加上周邊美容產品單價高且易推銷，若經營得當仍有前景。

總之投資醫療診所不能只看市場需求面或產品毛利率，還要考量營業成本，有些公司深按此道，經由良善管理，還是繳出不錯的成績單。

代碼	公司名稱	營運與獲利方式	2023年股本 (台幣百萬元)	2022年營收 (台幣百萬元)
3218	大學光	眼科診所經營、儀器耗材銷售	799	3,494
4104	佳醫	洗腎中心管理及相關耗材藥品採購	1,482	7,187
8403	盛弘	區域醫院藥品聯合採購、檢驗	1,200	4,137

表1-2 醫療管理公司：主要追蹤獲利成長性與佈局

生技新藥與製藥公司評估重點：
申請藥證的進度和數目，但最後會反應在營收上

台灣上市櫃製藥公司 (表1-3) 大部分以提供醫院使用的學名藥為主，由於健保壓制藥價，大部分公司也跨足保健食品，有些成立品牌，有些經營代工，每家公司多多少少都有新藥研發部門，很多進行至臨床二期初期即因資金考量，進展較緩，所以對於內銷性的製藥公司，投資判斷反而簡單，即回歸到每月營收的追蹤即可。

表1-3 台灣上市櫃生技新藥與製藥相關公司：追蹤獲利成長性與佈局

主要獲利方式	代碼	公司名稱	主要產品	2023年股本(台幣百萬元)	2022年營收(台幣百萬元)	毛利率
新藥研發	4147	中裕	愛滋病單抗藥品	2,527	563	38%
	4162	智擎	胰臟癌用藥	1,457	654	92%
	4174	浩鼎	治療性癌症疫苗與試劑開發	2,294	5	-852%
	4743	合一	糖尿病足植物藥、氣喘與異位性皮膚炎免疫調節單抗新藥	4,466	1,066	79%
	6446	藥華藥	紅血球與血小板增生癌藥與其他癌藥開發	3,395	2,882	72%
	6547	高端疫苗	流感疫苗、新冠疫苗	3,284	365	-58%
	6550	北極星-KY	ADI-PEG 20癌藥開發	7,431	6	22%
	6576	逸達	前列腺癌、氣喘藥	1,183	302	92%
	6712	長聖	非基改細胞治療,與基改CAR-T細胞治療	750	628	66%
	1795	美時	全球利基學名藥開發與生產	2,626	14,633	53%
	6472	保瑞	全球學名藥併購與代工	1,008	10,494	28%
	1760	寶齡富錦	洗腎藥生產、檢測試劑、醫美用品	857	2,399	55%
	4105	東洋	困難藥品生產與代工	2,486	5,062	60%
	8432	東生華	非癌學名藥	384	464	60%

續前表：

主要獲利方式	代碼	公司名稱	主要產品	2023年股本 (台幣百萬元)	2022年營收 (台幣百萬元)	毛利率
處方藥生產與銷售	1701	中化	醫院用學名藥、保健品	2,981	8,457	37%
	1752	南光	注射液學名藥與代工	1,010	1,940	36%
	3705	永信	醫院用學名藥、保健品	2,664	7,312	43%
	4114	健喬	醫院用學名藥	3,687	4,386	42%
	4123	晟德	生技投資與口服液生產	5,948	768	53%
	4130	健亞	藥品OEM、ODM、抗血栓藥	1,094	439	35%
藥妝保健品生產與銷售	1720	生達	醫院用學名藥、健康食品	1,787	5,851	43%
	1734	杏輝	醫院用學名藥、健康食品	1,677	2,857	38%
	1731	美吾華	藥妝類	1,329	1,245	66%
	4120	友華	奶粉、西藥系列	867	4,730	43%

　　而有國際佈局的晚期新藥，例如**藥華藥**、**全福 (興櫃)**、**合一**，或劑型改良公司，例如**國邑 (興櫃)**、**漢達 (興櫃)**，及困難學名藥開發公司，例如**美時**、**保瑞**，則另外觀察國外藥證申請進度、有營收實力的藥證數目，和國外通路佈局。這部份較複雜，須要專業與每季追蹤的評估。

　　至於疫苗公司，**國光生**為流感疫苗國際提供者，**高端**開發腸病毒疫苗。新冠疫苗則二家均未搭上國際列車。

保健食品公司：
依傳統方法，觀察每月營收

台灣很多保健食品公司原為新藥開發公司，因藥物開發尚在早期階段，只有動物數據，進入醫藥等級有困難，故轉型為保健食品公司。

而從事保健食品只要努力擴展業務，其實無生技光環也無所謂，因為保健食品市場其實比藥物市場高出許多，且無健保壓低售價的限制，毛利反而比藥品高。

但是保健食品進入門檻低，一般以大量廣告或直銷方式推銷產品，觀察公司不能只看毛利率，更應注意**營業淨利率**。

保健食品公司的營收與其產品的特殊性、廣告強度，和知名度息息相關，觀察產品的市場接受度，佐以淨利率，挑出好公司，之後觀察每月獲利成長性即可（表1-4）。

表1-4 保健食品：追蹤獲利成長性		
代碼	公司名稱	營運內容
1227	桂格	保健品、葵花油、燕麥
1271	晨暉	紅麴保健食品、益生菌
1707	葡萄王	靈芝王等保健品與通路
4732	彥臣	中藥、紅麴西藥、保健食品
3164	景岳	益生菌、乳酸菌
8436	大江	台灣最國際化的保健食品開發商

原料藥公司：
以國際競爭力為主要評估重點

原料藥為藥物中具醫療效果的基礎材料。雖然原料藥公司（表1-5）不須做耗時耗資的臨床實驗，但是須要主管機關和藥廠客戶的定期查驗，故進入門檻不低。

主要獲利方式	代碼	公司名稱	主要產品	2023年股本 (台幣百萬元)	2022年營收 (台幣百萬元)	2022年 EPS
表1-5 原料藥公司，請另詳本書第3-1及3-2章						
國際原料藥代工與生產	1762	中化合成	免疫抑制劑、抗真菌藥	776	2,117	6.01
	1789	台灣神隆	癌症用藥	7,907	3,264	0.45
	4102	永日	消炎藥	424	567	1.65
	4119	旭富	癲癇藥、中間體	954	900	3.24
	4746	台耀	高毒性癌藥、抗血脂結合劑	1,203	3,766	3.4
	1777	生泰	肌肉鬆弛劑、麻醉劑	446	986	6.62
	4167	松瑞藥	抗生素	3,172	1,266	0.11

由於台灣市場小，所以目前上市櫃的原料藥公司均以國際市場為主；台灣的原料藥品質略勝印度和中國，不過競爭激烈，所以原料藥公司的評估須要專業背景、經驗，和更多製藥市場數據的判斷。

但有些基本的方法可以判斷原料藥公司的國際競爭力，就是上FDA 網站查該公司產品線的國際競爭者，競爭者多，表示訂單容易被取代，價格波動性高。反之，競爭者少而該藥市場銷售量又高者，則是上選，反推回來就是公司技術高超，選藥能力佳，才有辦法做出市場大競爭者又少的產品。

由於原料藥不是一般民眾容易接觸到的產業，所以另外在 3-1 章及 3-2 章詳細介紹。

新藥公司：
應與國際公司評比，以國際方法認定價值

台灣很多新藥公司 (表1-6) 經過多年努力，現在走到 FDA 臨床二期的公司愈來愈多，但產品要有國際競爭力才能授權出去，享受資本利得和未來的權利金，而這國際競爭力如何判斷，請另見第四篇分析。

表1-6 部份新藥公司評估方法

代碼	公司名稱	主要營運內容	主要評估方法
6446	藥華藥	紅血球與血小板增生癌藥與其他癌藥開發	營收成長性
6875	國邑	肺動脈高壓劑改新藥	授權金進度與藥證，營收分潤
4743	合一	糖尿病足植物藥、氣喘與異位性皮膚炎免疫調節單抗新藥	藥證進度與權利金進度
6885	全福	乾眼症新藥、胜肽	臨床進度
6550	北極星-KY	ADI-PEG 20癌藥開發	營收成長性
1795	美時	困難學名藥研發	取證與營收成長性
6620	漢達	劑型改良新藥	授權進度與營收分潤成長性
6576	逸達	前列腺癌、氣喘藥研發	營收變化與技術授權
4168	醣聯	醣質單抗癌研發及受託服務	授權金進度
4147	中裕	愛滋病單抗藥物臨床實驗	營收成長性
4162	智擎	小分子癌症新藥臨床實驗	授權金入帳進度
4172	因華	口服藥劑改良	技術授權及營收變化
6547	高端疫苗	疫苗研發	國際授權機會
4142	國光生	流感疫苗代工生產	營收成長性
4726	永昕（生技廠）	蛋白質藥代工	營收成長性

第 2 篇

生技製藥地圖：
簡單圖表搞懂生技製藥業

　　製藥產業有一百多年歷史, 已發展出成熟的生產標準、法規管理和銷售通路；但是約在 1980 年前後, 生技藥物快速發展, 利用人工合成的荷爾蒙、酵素、蛋白質, 解決之前很多無法醫治的慢性病、癌症、免疫性疾病…, 一度威脅傳統製藥公司的地位；製藥界為迎接生技藥物的挑戰, 進行一些重整, 最後與生技界形成上下游合作關係, 即生技界負責研發, 製藥界負責行銷。

　　傳統藥物和生技藥物不僅藥物開發理論不太相同, 生產製程更是完全不同, 發展到最後, 法規管理雖大致相同, 但在專利過期後, 又有不同的上市核可標準。

　　生技製藥產業很複雜, 牽涉層面廣泛, 很少有一本書從投資面把它講清楚說明白。但**本篇會利用圖表, 讓讀者輕易地了解整個製藥界的二大動脈, 之後再依不同層面, 了解筋脈走向。**

　　在製程方面, 筆者把整個生技製藥產業簡單分為小分子藥物和大分子藥物；小分子藥物的上、中、下游為：原料藥廠、製劑配方廠和製藥公司；大分子藥物的上、中、下游則為生技研發公司、蛋白質廠和製藥公司；簡單以一張流程圖勾勒出上下游供應鏈關係 (圖 2-1)！P61

　　在法規方面, **大分子藥物**和**小分子藥物**在臨床試驗階段, 法規相同, 但是專利過期後, 在申請上市核可中稍有不同, 本書也是以一張流程圖將之表達清楚 (圖 2-2)！P73

　　使用這二張圖就可以把生技公司定位清楚, 投資生技真簡單！

　　但是想要進一步掌握各公司的競爭力, 則要把製藥業的法規和遊戲規則搞清楚, 才能避免誤判訊息, 套牢資金；所以第 2-3 章與 2-4 章的學名藥必懂法規也要詳細閱讀！

2-1 生技製藥上下游簡單懂

　　製藥產業發源於 1840 年代，一百多年來建立完整的法規和遊戲規則；生技產業則在 1980 年代發光發熱，對整個疾病治療興起革命性的影響；二大產業各不相讓，但是在 2000 年前後逐漸整合，大藥廠不計血本併購生技大廠，相較於以往的錯綜複雜關係，近年生技公司和製藥公司大致形成上下游分工狀態。

　　雖然學界或產業研究中心對生技製藥有不同的分類方法，但大部分投資者都反應過於艱澀難懂，或太抽象，所以筆者從投資角度，將整個生技製藥簡單分成小分子和大分子藥物，一圖搞懂生技製藥業，並把國外和國內相對應的公司安排入座(雖然有些公司會多角化經營)，希望投資者可以輕鬆地由簡入深，隨個人進度，慢慢了解生技製藥產業。

圖 2-1 全球製藥產業上下游關係圖

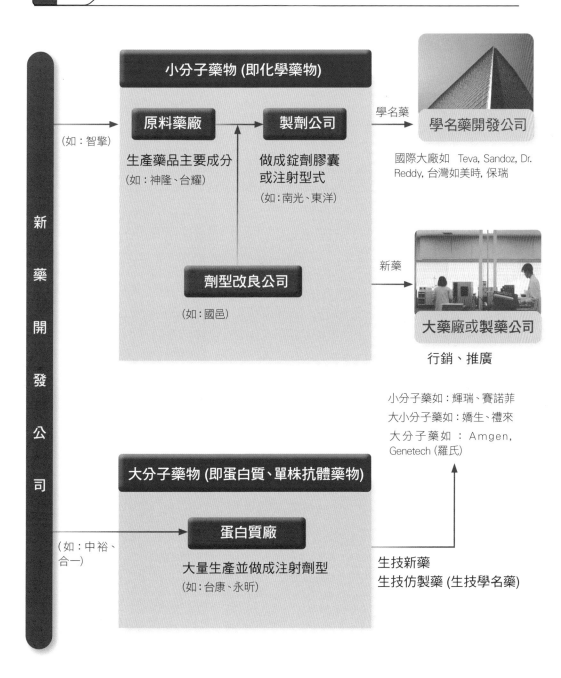

新藥開發公司

(如：智擎)

小分子藥物 (即化學藥物)

原料藥廠 → 製劑公司

生產藥品主要成分
(如：神隆、台耀)

做成錠劑膠囊
或注射型式
(如：南光、東洋)

劑型改良公司

(如：國邑)

學名藥 → 學名藥開發公司

國際大廠如 Teva, Sandoz, Dr. Reddy, 台灣如美時, 保瑞

新藥 → 大藥廠或製藥公司

行銷、推廣

小分子藥如：輝瑞、賽諾菲
大小分子藥如：嬌生、禮來
大分子藥如： Amgen, Genetech (羅氏)

大分子藥物 (即蛋白質、單株抗體藥物)

蛋白質廠

大量生產並做成注射劑型
(如：台康、永昕)

(如：中裕、合一)

生技新藥
生技仿製藥 (生技學名藥)

全球製藥產業簡易上下游關係

生技製藥業簡單可區分為大分子藥和小分子藥二大類，產業鏈相差甚遠：

製藥產業起始於 1840 年，全球第一家製藥廠 Merck 於德國誕生，時至今日，我們使用的藥物大部分是分子量較小的化學藥物，如發酵而來的抗生素或化學合成而來的一般藥物，由 20-100 原子組成，分子量大約數百道耳頓 (Dalton－重量單位)，我們稱之為小分子藥 (Small Molecule Drug)。

隨著生物科技的發展，在 1980 年代前後，我們學會用更複雜的工具和藥物提高疾病治療率，這些藥物都是幾千幾萬個原子組成，分子量數萬道耳頓以上的蛋白質，所以我們把生技藥物稱之為大分子藥物或蛋白質藥 (Protein Drug)，以和小分子藥物有所區隔 (表 2-1-1)，因為二者的製程完全不同，產業上下游鏈也相差甚遠，如圖 2-1 所示。

小分子藥物和大分子藥物就像腳踏車和汽車的差別；
by Genzyme Corporation

表 2-1-1 大分子與小分子藥物的差別：除了分子量大小不同, 治病方案更是各有優缺點			
	小分子藥物 Small Molecules	大分子藥物 (亦稱生物製劑 biologics)	
		Small Biologics	Biologics
大小	20-100 atoms	200 to 3000 atoms	5000 to 50,000 atoms.
藥物舉例	阿斯匹靈 威而剛 紫杉醇	人工重組生長荷爾蒙 人工重組胰島素	EPO (紅血球生成素)、Herceptin (乳癌單株抗體藥物)
服用方式	口服為主	注射為主	注射為主
與人體細胞作用方式	大部分直接進入細胞, 產生藥效	與血液內的物質或細胞上的受體反應, 作用複雜	
生產方式	天然物萃取或化學合成	人工基因重組, 植入大腸桿菌、酵母菌或哺乳動物細胞內, 把細胞當成工廠, 並以生物反應器大量培養細胞	
主要應用	解決即時性或單面向問題, 如止痛、降血壓; 或全面性殺癌	● 補充人體既有但不足的蛋白質, 如生長荷爾蒙解決生長遲緩與矮小問題; 胰島素治療先天性糖尿病; 凝血因子治療血友病…等等。(the old biotech) ● 針對疾病起因, 設計專一性解決方案, 例如治療某種原因引起的癌症; 依問題起因解決, 而不是依表面症狀下藥, 通常會配合檢驗試劑釐清病因。(current biotech！)	

✚ 資料來源：部分參考自美國 Genzyme 生技公司

✚ 作者註：一般生物來源的藥物統稱**生物製劑**, 英文名稱為 biologics, 除了上表所列的 small biologics 和 biologics 外, 取自於病毒而製造出來的疫苗, 如流感疫苗也被歸為生物製劑; 但是科技進展日新月異, 目前最有前景的生物製劑是**單株抗體藥物**, 以投資角度而言, 讀者主要分清楚大小分子藥物的不同生產鏈即可, 想深入研究生技者, 再花時間去搞懂這些生技產品分類和用語吧！

圖 2-1-1 分子大小比一比

小分子的阿斯匹靈和一般單抗分子站在一起顯得十分渺小

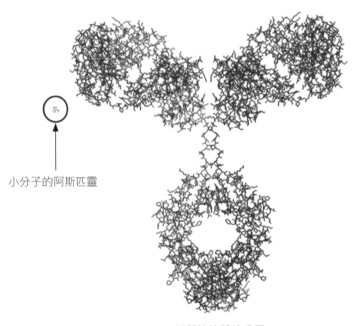

小分子的阿斯匹靈

一般單株抗體的分子

製藥業已垂直分工，大致上生技公司負責研發，製藥公司負責行銷

　　1980-1990 年代，生物技術突飛猛進，生技公司紛紛成立，但規模不大，主要以研發生產為主，不會賣藥，受到大藥廠欺壓，後來幾家生技公司藉由併購取得更多產品，並聘任藥物行銷團隊，發展成垂直整合型的生技公司，有研發、會生產、會行銷，如 Amgen、Genzyme 等，對大藥廠形成很大的壓力；之後，生技製藥業轉型成更簡單的產業鏈合作關係，即不管大分子、小分子，生技公司負責研發開發與臨床實驗驗證，工廠負責生產，具通路和市場運營能力的藥企公司負責行銷，並利用大量併購取得晚期藥物的行銷權。

小分子藥開發歷史超過百年，大部分已過了專利期而變成學名藥

平時我們醫院或藥局使用的藥物，如胃藥、消炎藥、抗生素、…，都是分子量不大的小分子藥，這些藥物大部分都過了專利期，任何藥廠只要補做幾個數據 (後述)，遵循法規取得 "上市許可" 後，都可以生產和販賣，這叫**學名藥**。

小分子藥物主要的原料提供者是 "原料藥廠"，在台灣較具國際競爭 力的原料藥公司有**台耀、旭富，台灣神隆、中化合成**…等等，這些原料藥廠提供原料給學名藥開發公司，如以色列的 Teva Pharmaceutical，**諾華**旗下的 Sandoz，印度的 Sun、 Cipla、Dr. Reddy′s Laboratories、Lupin 等等。

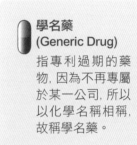

學名藥
(Generic Drug)
指專利過期的藥物，因為不再專屬於某一公司，所以以化學名稱相稱，故稱學名藥。

原料藥公司也幫新藥公司開發或提供臨床使用的小分子新藥。

原料藥要經製劑公司開發成人體可使用的劑型

原料藥大部分只是粉體，人體無法吸收，有些原料藥在空氣中極不穩定，一下子就失去藥效，所以原料藥須要先經過製劑廠把原料進行配方，做成容易被人體吸收、保存及使用的方式。

大部分的藥廠有製劑開發部門，將原料藥添加賦型劑，做成可吞服的錠劑膠囊，或設計成外塗劑型、靜脈注射劑型、皮下注射劑型。但也有專門改良劑型的新藥公司，簡稱 505b2 公司，其中有些劑型

改良，能使病患服用更安全方便，而分食原廠市場，近年也受重視，並可授權，例如將肺動脈高壓藥微脂體化的**國邑**，2023 年授權美國 2.45 億美金。

▋大分子藥物目前和未來都是單株抗體的天下

早期的大分子藥指的是人工胰島素、生長荷爾蒙、紅血球生成素、白血球生成素….等等蛋白質，用來 "補充人體的不足"；這些藥物的專利大部分已經過期或即將到期；在歐洲已核准人工胰島素、生長荷爾蒙的學名藥上市，美國則至 2010 年，晚了歐洲好幾年，才將專利過期的蛋白質藥法規製定出來，主要延宕原因為市場利益和安全性方面的辯論。

大分子藥物

早期的大分子藥指的是人工胰島素、生長荷爾蒙、紅血球生成素、白血球生成素….等等蛋白質, 用來 "補充人體的不足"；現在的大分子藥物則以單株抗體為主, 進化到可以針對特定對象, 去除或中和肇病因子, 以治療過敏、癌症和自體免疫性疾病。簡單而言, **單株抗體是 "人工智慧" 進階版的蛋白質藥物。**

現今大分子藥物指的是酵素或單株抗體藥物，尤其是單株抗體藥物因為具有 "導彈功能"，可針對目標進行治療，而不影響其他細胞，副作用較小，故稱魔術飛彈，乃智慧型的蛋白質藥物，主要用來治療癌症、自體免疫性疾病、過敏…等等。

台灣在單抗研發方面與國際同步，頗具競爭力，除了 2010 年的**中裕**愛滋病單抗針劑，台灣後來更多單株抗體新藥公司紛紛展露頭角，如**泉盛生技**（已併入合一生技），其治療異位性皮膚炎與過敏性氣喘的 FB825，以 5.3 億美元授權丹麥 LEO Pharma，創下台灣最大授權案！未來更創新的癌症雙抗體，三抗體藥物會出現，競爭也更激烈。

大分子藥物專業代工廠 (俗稱蛋白質廠)

大分子藥物常是基因改良後的人工產物，較低階者，如人工重組胰島素、人工重組生長荷爾蒙…等，由低等的大腸桿菌或酵母菌生產，而高階的大分子藥物，如單株抗體，則多由哺乳動物細胞生產。

提供大分子藥物生產的公司稱為蛋白質廠 (Protein Plant)，早期以玻璃瓶現在以生物反應器 (bioreactors) 生產。一般 (有例外) 臨床用的單株抗體藥物以 20 公升的反應器生產即可，上市單株抗體藥物則須用到 200 公升的大型反應器生產。當然這當中牽涉到很多複雜的專業技術，上至基因的設計、下至生產株的最適化培養、純化等等，每一步都關係到藥物藥效、成本和毛利，乃蛋白質藥物開發重要的一環。

在國際，很多生技公司或大製藥廠，如 Genetech、Boehringer Ingelheim，都有蛋白藥代工廠，中小型蛋白藥代工廠也有幾十家。

在台灣，**台康、永昕**都具有蛋白質工廠，可為各戶開發並代工生產 (CDMO) 蛋白質藥品。

 CDMO 為協助客戶進行 "委託開發暨製造服務" 的組織單位 (Contract Development and Manufacturing Organization)，為生技製藥業高度分工後的次產業。全球 CDMO 公司很多，也分大分子小分子。對大分子藥物的 CDMO 而言，從細胞株開發、基因改造、配方，到生產、填充，各式各樣的服務均有。產能小的 CDMO 提供臨床用藥品，產能大的 CDMO 則提供大量商業生產。

圖 2-1-2 蛋白質廠的生產流程

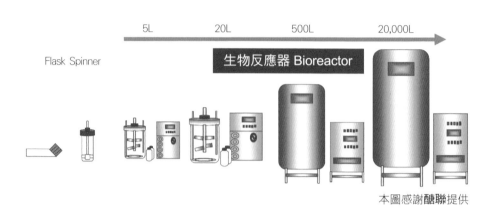

本圖感謝醣聯提供

國內外製藥公司投資看盤

台灣藥物市場主要為國外藥廠的天下

台灣藥物市場需求每年約台幣 2,400 億元，目前仍為國外藥廠佔大宗（約佔 1,800 億元），全球知名藥廠在台灣都有分公司對醫院及藥局進行行銷工作；而國內藥廠全年營收約為 900 億元，其中內銷約 600 億元。台灣因人口及健保影響，市場規模較小、產業競爭激烈、且家數眾多，大部分公司目前都積極擴展海外市場。

台灣製藥業轉型為以外銷為主，利基型學名藥創佳績

台灣島內由於市場型態不同，台灣製藥業主要以學名藥的生產和代理為主 (表 1-3)，受制於健保藥價的壓制，多次調降藥價後，許多公司只好兼營利潤較佳的保健食品，或是積極發展國外佈局。

目前我國已經有超過 85 間公司通過多國查核且有出口實績。由於台灣島內健保核銷藥物市場已呈成熟狀態，國內學名藥廠營收變化不大，而從事國際學名藥的外銷公司，如**美時**與**保瑞**，除每月追蹤營收外，由於國際分潤有時採每季季結一次，**故股票投資上除觀察月營收外，也要搭配季營收。**

國際製藥產業成熟，大型藥廠的投資主看營收成長性

在美國投資大型製藥公司也是主要看營收成長性即可做出判斷，因為大型製藥公司，如**輝瑞、諾華**…因為產品品項多，營收龐大，除非有 "重磅級" (blockbuster) 的暢銷新藥上市，否則對其股價少有激勵作用。

而通常這種 "重磅級" 藥物一般是由生技公司先研發出來，最後才授權給大藥廠，所以股價最大受惠者是資本額相對小很多的生技公司，因此近年大型製藥公司的股價都呈牛皮狀態。像**輝瑞**藥廠，全年營收約 670 億美金，而一般重磅級新藥一年營收約 20~50 億美金，只佔其營收的 3~7%，對 EPS 貢獻才 0.1 美金而已，其實不容易引起太大的股價變動，更何況新藥開發費時耗力，好幾年才會有個明星出現；另外，可開發的藥物和技術差不多都已開發了，除非有特別的技術突破，才會再引起大家熱烈的討論！

因COVID-19的影響，許多藥廠或其概念股受惠（例如：輝瑞、BNT或台灣的高端），但其影響仍為短期因素，除非有重大性的技術改革，不然投資此類股票建議著重在每月營收變化、市場佈局及基本面。

短期而言，製藥業看不出有革命性的改變，因此早在幾年前製藥業就利用大量併購來衝營收；而併購者一般短期股價會下跌，被併購對象則有短期股價被炒作的話題，所以觀察營收和消息面反而比科技面容易抓到方向。

表 2-1-2　2022 年美國製藥公司評比							
公司	輝瑞	諾華	默克	賽諾菲	艾伯維	嬌生	羅氏
市值(美元)	231B	167.92B	282.04B	118.32B	274.75B	405.12B	220.54B
員工人數	83000	101703	67000	91573	50000	152700	103613
年營收	100B	51.83B	59.28B	45.39B	58.05B	94.94B	66.43B
淨利率	31.27%	13.42%	24.49%	18.44%	20.39%	18.90%	14.68%
淨獲利	31.37B	6.95B	14.52B	8.37B	11.78B	17.94B	12.42B
EPS	5.47	2.95	5.71	3.54	6.63	6.73	17.7
P/E	7.52	26.58	19.46	13.49	23.42	23.11	15.33
P/S	2.35	3.57	4.76	2.49	4.76	4.36	3.51

✚ 資料來源：Yahoo Finance

> **觀念提醒**
> 筆者要提醒大家一個觀念，凡 EPS 小於 1 者，其 P/E 即無參考意義，因為以數學角度而言，分母小於 1 者，數字有被放大的效果，這放大現象也存在於電子業，不一定是該公司特別有潛力，須搭配該公司的核心技術，再進行分辨。

▍美國大型生技公司面臨產品短缺問題

　　Amgen 是目前全球最大的生技大廠之一，總部位於加州，成立於 1980 年，早期以洗腎病人必須長期依賴的 Epogen（紅血球生成素）及癌症病人常用的 Neupogen（白血球 生成素）奠定今日地位。Amgen 經歷多次大併購，2022 年營收 14.2 億美金，主力產品仍是紅血球生成素（Aranesp），另外也行銷更多的單株抗體生技相似藥（即專利過期的生物藥）。

　　Gilead 以開發 liposomal amphotericin B，一個經由微脂體包埋以降低毒性的抗生素起家，後於抗病毒藥領域大放異彩，尤其在終結 C 肝上，療效高達 99%，然而這也導致營收產生瓶頸。2017 年 Gilead 大手筆，因為競標的關係，以美金 119 億併購療效甚佳的 CAR -T 細胞治療公司 Kite Pharma，而細胞治療也在 2017 年之後變成全球研究熱點。

　　由於近年生技公司在新藥開發上沒有太大的突破性，所以這幾家股本過大的大型的生技公司股價也是呈牛皮狀態。

CART (Chimeric antigen receptor T cell, CAR T cells)，即利用基因改造，使人體原來最強的殺癌 T 細胞，產生腫瘤辨識能力，並自帶免疫刺激基因，加強殺癌糧草，在液體癌，如各式淋巴癌上，展現六成以上的治癒率，而且療效可維持半年以上。尤於這些優秀殺癌部隊是活生生的 T 細胞，所以 CAR-T 細胞治療也被稱為 Living drug，紅極一時。然而 CAR-T 也有瓶頸，在市場更大的固體癌上，尚未找到如淋巴癌 CD19, CD20 這般合適的腫瘤抗原，另外固體癌的惡劣腫瘤微環境，讓 CAR-T 細胞陣亡率高，療效普普。除以之外，為解決 CAR-T 生產耗時，病患細胞太弱的問題，未來全球 CAR-T 生產開發方向為：現貨，異體的 CAR-T。台灣的育世博、長聖加入創新 CAR-T 的國際競爭。

表 2-1-3　2022 年美國製藥公司評比				
公司	Amgen	Gilead	Bristol-Myers Squibb	Biogen Idec
市值（美元）	125.54B	101.15B	144.61B	39.05B
員工人數	25200	17000	34300	8725
年營收	26.32B	27.28B	46.16B	10.17B
淨利率	24.89%	16.83%	13.71%	29.95%
淨獲利	6.55B	4.59B	6.33B	3.05B
EPS	12.11	3.64	2.95	20.73
P/E	19.41	22.28	23.36	12.95
P/S	4.83	3.75	3.2	3.88
備註	於2019年收購生技公司Celgene			

✚ 資料來源：Yahoo Finance

2-2 藥物開發流程全面觀

　　藥品和電子產品最大不同處在於藥品上市必須經過複雜冗長的研發、臨床試驗和主管單位核准的過程；流程之複雜、規範之多，常令業外人士一個頭二個大。大家最常問的問題包括：臨床實驗要做多少病人？幾百還是幾千人？要花多少年完成？臨床成功後，多久才會拿到上市核可？拿到上市核可後，又何時才會產生營收？

　　藥物上市有一定的流程和必須花費的時間，而隨之而來的甜美果實也要有耐心等候，因此想搭上生技投資熱潮的投資者，一定要對新藥開發流程有基本的了解，才能掌握獲利時點。

　　在 2-1 章我們以產品面看製藥業，把藥物分為大分子和小分子，二者的生產途徑不同，有各自的產業鏈和上下游搭配廠商，但在藥物開發流程，則遵守同一套的法規，只是在專利過期後，大小分子各走各的路。小分子藥物因為分子簡單，不用重做人體臨床試驗即可申請學名藥上市；但大分子藥分子複雜，必須進行人體實驗證明藥效和安全性後才能上市。其實藥物開發流程也可以用一張圖表含蓋之，本章以簡代繁，使投資者不用花太多時間即可明瞭藥物開發主要法規，想進階學習者再參考第三篇各別產業介紹。

圖 2-2 > 簡易藥物開發流程

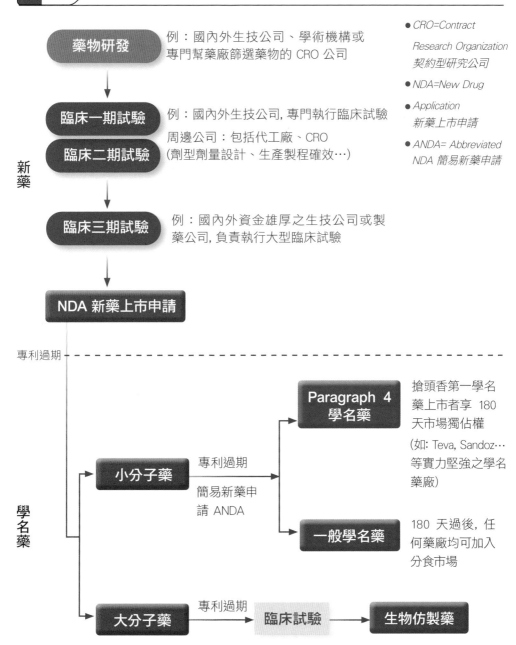

藥物研發
例：國內外生技公司、學術機構或專門幫藥廠篩選藥物的 CRO 公司

臨床一期試驗
例：國內外生技公司, 專門執行臨床試驗

臨床二期試驗
周邊公司：包括代工廠、CRO (劑型劑量設計、生產製程確效…)

新藥

臨床三期試驗
例：國內外資金雄厚之生技公司或製藥公司, 負責執行大型臨床試驗

NDA 新藥上市申請

專利過期 --

Paragraph 4 學名藥
搶頭香第一學名藥上市者享 180 天市場獨佔權 (如: Teva, Sandoz…等實力堅強之學名藥廠)

學名藥

小分子藥
專利過期
簡易新藥申請 ANDA

一般學名藥
180 天過後, 任何藥廠均可加入分食市場

大分子藥
專利過期
臨床試驗
生物仿製藥

除分子量較小者外, 均須臨床實驗

- CRO=Contract *Research Organization* 契約型研究公司
- *NDA=New Drug*
- *Application* 新藥上市申請
- *ANDA= Abbreviated NDA* 簡易新藥申請

圖 2-2 把新藥開發一直到專利過期變成學名藥的過程濃縮在同一張圖裡，這就是 "藥物的一生"；每個階段都有不同的法規管理，也產生不同的價值和競爭環境（請見第四篇分析），所以投資者要先了解基本法規，才能判斷公司的價值！

藥物開發有一定流程，新藥開發只是一部分，專利過期後又是另一戰場

所有的藥物，不管大分子或小分子藥物，都要經過早期研發、臨床試驗的過程，在主管機關認定安全性和有效性後，提出新藥上市申請（NDA New Drug Application)，把用藥方法、標籤單（仿單）整理完全後，才可以上市販售。

新藥從開發到上市，隨不同的藥物或疾病對象而有不同的時程；抗生素開發一般較快，約十年，癌症用藥則十幾年。

而專利過期後，任何人都可以加入生產，和申請藥品上市，這又是另一個戰場：

● **小分子學名藥**

- 小分子藥和大分子的蛋白藥在學名藥申請上有不同的法規，簡單而言，小分子藥物不用做人體臨床試驗，只要補一些數據即可進行書面申請，進入門檻較低；一般學名藥公司，如台灣的**美時**即挑戰這一類的 ANDA (Abbreviated NDA-簡易藥物申請)。

● **Paragraph 4 第一上市學名藥（中國稱為首仿藥）**

● 而對市場龐大的暢銷藥而言，大型學名藥廠，例如 Dr. Reddy, Mylan，則專門挑戰第一學名藥上市，以享受 180 天的市場獨霸期。在此期間，學名藥與原廠藥的價格差距不算太大，大概為原藥價的 70%-80%，過了這 180 天，所有學名藥廠都可以進來爭奪市場，藥價就會大幅下降，但 case by case；競爭愈少者，價格下跌幅度則愈小，完全以 "競爭態勢" 評定之。

Paragraph 4 申請高手
台灣早期留美創業家都是 **Paragraph 4** 申請高手，如成立 **Ivax** 的許照惠、**Impax** 的許中強、**Andrex** 的陳志明。

有關學名藥的遊戲規則和應該注意的投資重點，請見第 2-4 章說明。

● **生物仿製藥（follow-on biologics）：指專利過期的大分子藥**

● 至於大分子藥專利過期後，除分子量數千的胰島素、生長荷爾蒙…以外，分子量上萬的單株抗體藥物，因為藥效和安全性與蛋白質的三級立體結構和受體結合位置有關，無法像小分子藥物補做一些生物相容性數據就可以上市，大分子藥物一般還是須要進行人體臨床試驗，等證明有效性和安全性以後，才可申請上市。

Follow-on biologics
台灣翻譯為 "生物類新藥"，而中國翻譯為 "生物仿製藥"；中國對生物藥仿製積極，因此本書採用中國翻譯。

有關生物仿製藥更詳細的說明請見第 2-5 章。

新藥開發乃接力賽，由不同公司接力完成

　　新藥開發耗時耗金，約數億美金以及十幾年的投入，但是投資者不要被這些數字給嚇到了，因為產業老早就發展出階段獲利的模式，只要藥物本身有競爭力，不怕沒人出高價取得，請見第 2-3 章說明。

2-3 新藥開發流程

　　新藥開發流程可簡單分為發現潛力藥物 (Discovery)、臨床前的動物實驗驗證、人體臨床試驗及藥物的上市申請，每一過程都須要很多人力、時間和資金的投入；投資者必須對新藥開發流程和所須的時間長短有概念，才能掌握生技投資機會。

　　本章首先以一張圖表簡單指出一般新藥開發所須的時間、資金和成功率，協助投資者快速了解新藥開發，但在這裡必須強調不同藥物有不同的開發時間，隨不同公司的經營策略，新藥開發所需的資金也不相同，無法一概而論，本章數據只是平均的統計數字，僅作參考；例如癌症藥物開發時間和資金通常比較長而高，抗生素則較快而便宜一些，當然相對價值也有差距。

圖 2-3　新藥開發流程

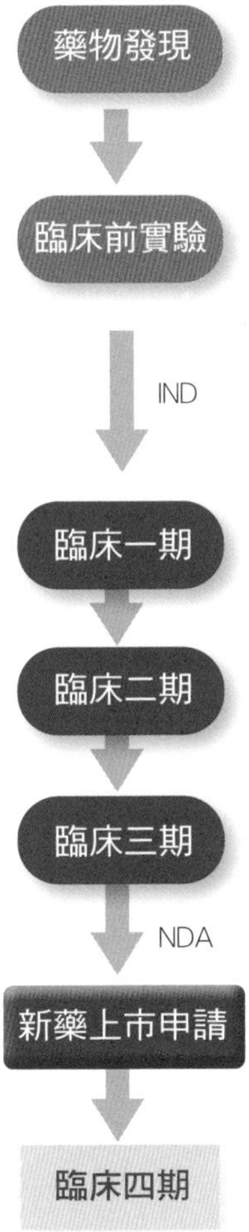

階段		目的	主要活動	所需時間／花費(美金)	核准上市機率
藥物發現 Discovery		尋找新藥標的	進行化學或生物性標的物的建構、篩選與開發	1-5 年/ depends	0.01-0.02%
臨床前實驗 Preclinical		動物安全性、有效性實驗	於動物身上先測試安全性、生物活性、有效性及大約劑量	3-7 年/ 0.15-0.3億	0.1%
IND		人體臨床試驗申請	準備臨床前各種實驗數據, 以申請人體臨床試驗	0.2-1 年	
臨床試驗	臨床一期 Phase I	安全性及最高劑量忍受度確定	試驗數目、對象：百名以內健康志願受試者	1-2 年/ 0.3-0.4億	30%
	臨床二期 Phase II	有效性、有效劑量及短期安全性評估	試驗數目、對象：數十到數百名志願受試病患	1-3 年/ 0.5-1.0億	60%
	臨床三期 Phase III	有效性及長期安全性評估	試驗數目、對象：數百到數千名志願病患	1-5 年/ 1-3.5億	70%
NDA		新藥上市申請 FDA 審核	備齊所有從 Discovery 到 Phase III的重要數據及研究, 申請上市許可	18-24 個月	90%
臨床四期 Phase IV		上市後監督期	由藥廠或醫生觀察當使用者擴增後的長期安全性	長期/ 0.5-1.6億	

藥物發現 → 臨床前實驗 → IND → 臨床一期 → 臨床二期 → 臨床三期 → NDA → 新藥上市申請 → 臨床四期

- IND：Investigational New Drug
- NDA：New Drug Application

藥物研發：須要更有效率和 降低資金耗損的方法

在 2000 年前後基因解碼帶動生技投資熱潮的時代，藥物篩選公司曾紅極一時，但藥物篩選有如大海撈針，一萬個化學分子才造就一個成功的上市藥物，資金耗費過大，成效低，投資者受傷慘重，後來這些藥物篩選平台公司 (platform company) 被迫改型為產品公司 (product company)，也就是停止無止盡篩選，而把最有希望的產品挑出二、三個，往下深耕，進行臨床試驗後授權，使投資者有獲利退場機會。

時至 2020 年，先進的 AI (artificial intelligence) 加入新藥開發，讓新藥開發時間大量縮短，也更有效率。AI 篩藥主要貢獻於臨床前的 Lead compounds 篩選，在電腦上即可模擬藥物候選分子與人體細胞受體的結合情形，此過程稱 dry lab，然後進入傳統的細胞實驗，稱 wet lab，有些公司號稱在 dry lab 期間，可把過往須要花二年的篩藥時間，縮短成 2 個月不到。時間就是金錢，目前國際大廠，80% 有自設 AI 篩藥部門，競爭激烈。

藥物進入人體臨床前 須於動物模型中測試有效性和安全性

藥物進入人體臨床前須於動物模型中測試有效性和安全性；在有效性方面要先建立動物模型 (Animal model)，使動物生和人類相同的疾病，例如糖尿病或各種癌症，以測試藥效。而在安全性方面，則利用動物分析藥物在血液或不同器官的分佈性、代謝性…等等數據，以做為人體臨床實驗設計的參考。

雖然動物生的病乃人工誘發出來的，和實際人類生病的起因不同，也就是說動物試驗的成功只能做為參考，還須要進一步的人體實驗驗證，但動物實驗可以加速藥物篩選和研發，也是必要的實驗過程。

臨床一期：主要測試人體最大安全劑量

臨床一期實驗主要以健康人為測試對象，把在動物實驗上測得的最大安全劑量測試於健康人體，以了解人體耐受度，並記錄副作用。

一般小分子藥物毒性較高，很多藥物在臨床一期就被刷下來；而大分子藥物，大部分是人體本來就有的蛋白質，只是經過人工改造，一般安全性較佳，臨床一期試驗通過機率較高。

臨床二期：測試使用劑量的安全性和有效性，又可分Phase IIa, Phase II b

臨床二期主要以病患為主，測試要達到有效治療時的劑量範圍，起初會抓個比較大的劑量範圍，例如100mg，500mg，1500mg，3000mg，先進行測試，這叫 Phase IIa，然後再根據 Phase IIa 結果縮小劑量或補充修正，進行更精確的 Phase IIb 實驗。

臨床三期：擴大受試病患人數，以求更精確的臨床數據

在臨床二期抓對劑量後，則擴大受試者人數，進行更大規模的臨床三期實驗，以求統計上的意義。

為何要求統計上的意義？以癌症為例，美國罹患肺癌人口假設
300 萬人，全球使用肺癌藥物者推論為 600 萬人，但一個三期臨床
可能勉強僅能招募到 3000 個願意加入測試的病人，以 3000 人推論
600 萬人使用後的效果或副作用，當然要在統計上做深入的分析，所
以用藥組和非用藥組要在統計學上有顯著的差異，才能推論該藥有治
療上的效果；很多藥物有不錯的臨床二期結果，但在受試人數一擴大
後，就發現沒有統計學上的差異，這和臨床設計的變動、擴大臨床點
後執行的品質有關；**根據筆者**
投資經驗，如果在臨床二期低
空飛過的藥物，通常在三期的
失敗率極高。

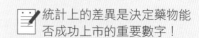
統計上的差異是決定藥物能
否成功上市的重要數字！

臨床設計與執行關乎實驗成敗或公司成敗

臨床實驗的設計須要各種不同專家的參與，而臨床醫生的投入
度、臨床試驗品質，臨床試驗監督與執行、臨床數據的分析與解讀在
在都關乎臨床的成敗，或公司的成敗；除了公司本身的研發團隊須要
有臨床實戰經驗以外，一般還要委託專業的臨床試驗公司進行合作，
經驗是成功的關鍵；臨床實驗是門高深的學問，無法在此簡單敘述，
總之藥物有潛力還要有好團隊執行才能成功。

新藥上市申請
(New Drug Application NDA)

臨床三期成功後，通常還要花約一年的時間備齊所有的資料向
主管機關申請新藥上市核可，把仿單（即藥物使用方法）定稿後，才
能上市。

臨床試驗 Q&A

Q：臨床實驗分幾種?

A：大致可分二種，一種為**研究用臨床試驗** (Investigational clinical trial)，另一種為**正式申請藥物上市用的臨床試驗**；前者以證明理論 (proof of concept) 為目的，先以幾十個病人，在單一一家家醫院，以少少的資金，進行小規模試驗，驗證理論是否正確；一般只要經過該醫院的 "人體實驗審查員會" 通過，即可進行實驗。

後者為產品上市用的正式臨床試驗，由各國政府主管機關，如 FDA、TFDA 審查，且必須在多家不同醫院進行臨床試驗 (multiple sites)，以免有包庇或個別醫生主觀判定的行為；本章前面所說的人體臨床實驗指的都是正式的臨床試驗。

正式臨床試驗重視 "統計學上" 有效性的意義；很多 "看似" 有效的臨床試驗，一經統計分析，發現和對照組比起來只好一點點，沒有統計上所謂的 "Significant" 差異，最後還是被專家們判定為無效。

> **研究用的臨床試驗 (Investigational clinical trial)**
> 以證明理論 (proof of concept) 為目的，先以幾十個病人，在單一醫院進行小規模試驗，證明理論是否正確；如要轉為正式臨床試驗，須在多國或多家醫院，向各國政府提出正式的臨床試驗申請。

next

而研究用的臨床試驗如要轉為商業化使用, 使具授權獲利潛力, 須補足數據或重做臨床設計, 也就是更多時間和金錢的投入, 投資者在投資新藥公司時要先確認之。

 投資新藥公司的態度

投資者投資新藥公司一定要從 "科學" 角度思考, 不能憑 "感覺" 投資, 新藥研發是嚴謹且專業的科學過程, 不能以 "我吃了ㄨㄨ公司的藥好了, 所以該公司是個好公司", 錯！錯！錯！臨床試驗有否意義都要以統計學上的數字為主, 沒辦法用少數成功案例、某醫生、某名人或某公司的威望推測之。

Q：為何有臨床四期之說?

A：藥品在上市後被更多的病患使用, 新的副作用會陸續出現, 而被主管機關 FDA 納入觀察, 這就是所謂的**第四期臨床**, 或稱為**上市後觀察** (Post Market Surveillance)。如果副作用影響層面過大, 在權衡病患福利和風險後, 嚴重者可能採取藥品下架, 輕微者則加註警語 (black box warning) 後仍可銷售。

Q：何謂 Fast Track "快速藥物審查"?

A：Fast Track 是指美國 FDA 對一些 "嚴重威脅生命, 且現行療法沒有藥醫的疾病", 給與六個月快速審查的特權, 如果真有療效, 則可儘速讓藥物上市。

一般藥物審查大約十個月的行政流程, 但 FDA 人員有限, 申請者要乖乖排隊, 往往遠超過12-18個月, 因此六個的 Fast Track 極具意義。

next

Q：何謂孤兒藥：

A：孤兒藥是指全球罹患人口少於二十萬人的罕見疾病；有些特殊癌症也會被歸為孤兒藥。

孤兒藥若是須要天天施打或服用一輩子者，仍有龐大市場；通常孤兒藥由保險給付，不用擔心病患付不起，故一度成為中小型藥廠熱門的研發標的。台灣已有數家藥廠進軍孤兒藥領域，目前最成功的是**藥華藥**（6446），已取得美國及歐盟PV 之孤兒藥藥證並成功上市，且正進行原發性血小板增多症 (ET) 孤兒藥多國各中心之三期臨床實驗。

 FDA 為了鼓勵製藥公司開發罕見疾病用藥，對孤兒藥上市提供快速審查和七年的市場單一保護，也就是說在這七年內沒有其他市場競爭者，這項利多讓很多癌藥開發公司善用此政策，先快速取得孤兒藥上市許可，再開發其他更大病患人口的癌症市場。

2-4 學名藥產業必懂規則

金融風暴後，各國健保預算縮水，鼓勵使用便宜的學名藥取代較貴的新藥，目前學名藥佔整個藥物市場的 80%，未來學名藥仍有擴大成長的機會。

學名藥 99% 是小分子藥，小分子藥已有二百年的歷史，建立不錯的法規管理系統，專利過期後，只要比照藥典製造等同的藥物，並進行十幾人的BA, BE (生體可用率及生體相等性) 實驗，即可上市。但反過來說，由於藥物供應者一下子擴大很多，所以藥價也會大幅下降，對病患有利，對投資者不利！

一些較難合成或市場龐大的小分子藥，在專利過期前三、五年就有學名藥業者虎視眈眈，不僅卡位原料藥源，也摩拳擦掌準備搶奪第一學名藥上市頭銜，享受 180 天藥價大降前的豐碩利潤；所以投資者也要對學名藥遊戲規則有所了解，才不會錯失投資良機！

何謂 Paragraph 4

根據美國 Hatch Waxman 法案，為加速學名藥上市，以降低藥價，給與搶頭香取得第一學名藥上市者 180 天市場獨占期的優惠。

在這寶貴的 180 天內，搶頭香的學名藥公司可以用比原藥廠低一點的價格大賺一筆，過了這獨佔期，其他學名藥廠就可以進來分食市場，價格也會大幅下降；所以對專利即將過期，且年銷售額幾億美金的暢銷藥而言，學名藥公司早在專利過期前幾年，甚至前十年，就摩拳擦掌，勢搶頭香；國際常見面孔如 Sandoz, Dr. Reddy, Mylan，跟台灣相關公司常有對打與競爭。

 Paragraph 4/第一學名藥上市 在中國翻譯為 **首仿藥**。

搶頭香者須取得 Paragraph 4 certification 以確定未侵犯原藥廠專利

FDA 要求所有新藥公司必須把其相關專利列出，以供學名藥公司參考，這些專利列在一本封面為橘紅色的 Orange Book 第四章上，所以搶頭香叫 **Paragraph 4 challenge**。

原藥廠在接到 challenge 時有 30 個月的反駁期，若原藥廠訴訟失敗，學名藥公司即可享有價格穩定的 180 天市場獨享期，這時只有原藥廠一個競爭者，過了這 180 天，其他藥廠的產品也可以上市分食市場，價格戰就打得愈來愈激烈。

身為頭香客戶的原料藥提供者，當然也有較高價格的蜜月期，之後隨市場價格下跌，原料藥價格也相對會被砍價，除非無其他原料藥提供者。

然而，如果某一原料藥因為全球供應者僅 2、3 家，即使其客戶過了 180 天的獨佔期，價格跌幅也較小，因為在市場上大家能一起生存就一起生存，不必殺到你死我活，所以挑選原料藥公司儘量挑擁有寡佔市場優勢者。身為頭香客戶的原料藥提供者，當然也有較高價格的蜜月期，之後隨市場價格下跌，原料藥價格也相對會被砍價，除非無其他原料藥提供者。

近年台灣學名藥公司在原料藥製程門檻上也下了很多功夫，以保障競爭優勢，以非十年前的弱勢被動狀態。

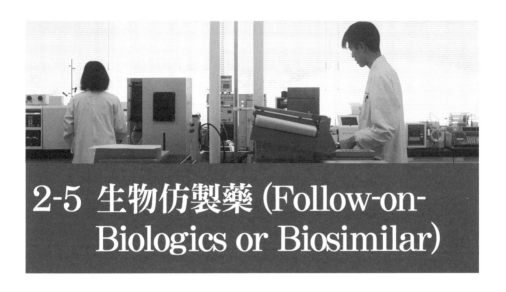

2-5 生物仿製藥 (Follow-on-Biologics or Biosimilar)

　　專利過期的生物藥，由於分子和原藥廠的生物藥不可能完全相同 (similar, but not identical)，所以稱為 Follow-on-Biologics 或 Biosimilar，台灣習稱「生物相似藥」，大陸則以「生物仿製藥」相稱，指的都是所謂專利過期的生技藥。

　　美國是全球主要藥物開發國家，對生物藥物投入的資源更是無比龐大，當然不希望太快開放生物仿製藥的上市；2010 年美國終於通過生物仿製藥法規，雖然仿照小分子藥物法規，只要通過高度生物相似性 (biosimilarity) 或可替代性 (interchangeability) 即可取得上市許可，但一般認為要符合這二點要求並不容易，還是要進行人體臨床試驗證明之，費用不少，只是比新藥臨床低；另外還要與原藥廠進行無邊無際的法律訴訟；既然如此費功，如果療效只和原藥廠相同，也不會有太大市場競爭力。

目前對生物仿製藥最早訂出上市法規的是歐盟，取得歐盟核可後，很多生物仿製藥已在歐洲、澳洲、亞洲上市。

而亞洲投入最大資源向歐美法規扣關的是韓國，已有二家公司，八個單株抗體進行臨床試驗中。

至於中國和印度則因人口多，內需市場龐大，自行審批產品上市，但在品質和安全性上要外銷至法規國家還有一段路要克服。

2023-2029 年多個暢銷生物藥專利過期，生物仿製藥業者莫不摩拳擦掌，爭取肥田，台灣也有多家生技公司正在開發生物仿製藥，但競爭力如何須要觀察。

世界正在改變，建議台灣除了美國以外，也多參考其他市場機會和法規。路是人走出來的，不要以框框限制自己。

生物仿製藥因市場龐大，乃兵家必爭之地

目前全球前十大暢銷藥中有四個是大分子蛋白質藥 (以下簡稱**生技藥**)，加起來每年銷售額近 600 億美金，而這些生技藥陸陸續續於 2023 年後失去專利保護，因此早在五、六年前，甚至更早之前，全球生技公司莫不摩拳擦掌想進來搶食這塊市場。

2-5 生物仿製藥 (Follow-on-Biologics or Biosimilar)

表 2-5-1 即將專利過期的生技暢銷藥

全球暢銷藥排名	商品名	專利到期年	適應症	原藥廠	2022營業額（億美金）
2	Humira	2023	類風濕性關節炎	AbbVie 艾伯維	212
3	Keytruda	2028	癌症	Merck 默克	209
8	Revlimid	2026	多發性骨隨炎	BMS 必治妥施貴寶	100
10	Eylea	2026	黃斑部病變、糖尿病性黃斑水腫	Bayer 拜耳	96

美國遲至 2010 年才通過仿製藥法規

　　相較於歐盟早於 2004 年修法，美國仿製藥法規遲遲未能誕生的主因是－新藥和仿製藥之間的利益之爭；美國生技藥廠投入無數資源開發生技藥物，當然不希望市場太快被 follower or copy cat 分食。

　　2010 年美國終於通過生物仿製藥法規，基本上和小分子學名藥的 Hatch-Waxman Act (HWA) 類似，即建立橘皮書，揭露與藥品有關的專利，簡化仿製藥上市機制，提供資料專屬保護，以確保新藥研發，並鼓勵仿製藥業者加入競爭，以降低藥價。主要法規重點節錄如下：

● 審查流程

- 仿製藥上市只要證明與原大分子藥具有 "高度的生物相似性 (biosimilar, biosimilarity) 或可替代性 (interchangeable, interchangeability)" 即可依簡化程序申請上市。

● 原開發者的保護性

- 生物仿製藥業者可以在原藥上市後第四年即申請仿製藥，但 FDA 要等到原藥上市 12 年過後，才會核准生物仿製藥上市，以保護原開發者開發新藥的付出。如果原開發藥廠繼續進行臨床試驗，並通過兒童用藥或孤兒用藥的認定，則可再享有6個月的專屬保護。

● 第一個提出生物仿製藥上市申請，並符合可替代性 (interchangeable) 而通過 FDA 核准者，可享有一年的市場獨家銷售權 (小分子藥為 180 天)，該期限自生物仿製藥首次進行商業化販售或 FDA 核准 18 個月後起算。僅符合生物相似性而通過上市者，則無此優惠。

關乎龐大利益，法律訴訟無可避免，志在拖延對手產品上市

雖然美國生物仿製藥法規已出爐，仿照小分子藥物，有 "捷徑" 可申請，即只要證明 "高相似性" 及"取代性" 就可以快速通關，但要證明 "高相似性" 及 "取代性" 並不容易，因為蛋白質分子複雜，還涉及立體結構，如何證明高相似性？如果無法拿到原藥廠的原料，如何比對相似性？而很多單抗藥物，治療機制複雜，如果無法清楚了解該藥與身體的作用機制，如何證明取代性？

　　所以法規是製訂出來了，業者沒有太興奮。單抗仿製藥業者傾向直接進行臨床試驗，而分子量幾千道耳頓的小蛋白質藥則有廠家採取仿製藥法規申請，但背後付出的代價慘烈，主要來自於原藥廠的法律訴訟。

　　法律訴訟所花的時間、金錢與藥物本身的市場規模、應用範圍、原藥廠的捍衛決心有關，因議題過度龐大，而且 case by case，在此省略之，但投資時要謹防此方的強大衝擊。美國有一家華人成立的公司，就因為遭受原藥廠比電影情節更令人瞠目結舌的手段，從 2005 年打贏官司開始，至 2011 年 9 月才取得藥品上市核可。

在美國，專利過期不能和仿製藥可上市時間劃上等號

　　表 2-5-2 為暢銷生物藥專利過期時間，但如同前面美國仿製藥法規所言，仿製藥在原藥廠上市後 12 年才有機會在美國上市搶奪市場，**但在其他國家上市則不受美國法規限制，所以各國搶食的是美國地區以外的市場，乖乖牌的台灣可以思考一下。**

行銷者	商品名	學名	美國專利過期年	歐洲專利過期年
AbbVie	Humira	Adalimumab	2023	Expired
AbbVie	Skyrizi	risankizumab	2036	2023
Amgen	Prolia/Xgeva	Denosumab	2025	2025
AstraZeneca	Calquence	acalabrutinib	2034	2026-2031
Bayer, Janssen Pharmaceuticals	Xarelto	Rivaroxaban	2024	2024
Bristol-Myers Squibb	Opdivo	Nivolumab	2026	Expired
Eli Lilly	Trulicity	Dulaglutide	2027	2027
Janssen Biotech	Stelara	Ustekinumab	2023	2023
Merck	Keytruda	Pembrolizumab	2028	2026
Novartis	Cosentyx	Secukinumab	2025-2026	2024
Novartis	Mayzent	Siponimod	2032	2026-2028
Pfizer	Ibrance	Palbociclib	2023	Expired
Pfizer	Xtandi	Enzalutamide	2027	2024
Regeneron	Libtayo	Cemiplimab	2028	2027
Regeneron, Bayer	Eylea	Aflibercept	2025-2026	2025
Roche	Ocrevus	Ocrelizumab	2026-2027	2025
Sanofi/Regeneron	Dupixent	Dupilumab	2028	2024
Takeda Pharmaceuticals	Entyvio	Vedolizumab	2025-2026	2023
ViiV Healthcare	Dolutegravir	Dolutegravir	2028	Expired

表 2-5-2 即將過期的生技藥品

✚ 資料來源：公開網站

生技仿製藥的市場在非美國地區

　　歐盟是全球最早推動生物仿製藥的區域，初期為了兼顧有效性和安全性，只核准分子量較小的三項生物仿製藥上市，但近年來已陸續開放。至2019年為止，已有超過11種類的生物仿製藥品經過審核；台灣基本上是參照歐盟藥物管理局法規，初期審核較為嚴格，但近年來也有眾多生物仿製藥品通過審核，包含紅血球生成素（EPO）、白血球生成素（GCSF）、干擾素等；中國和印度核可的上市產品較多，不過品質和歐美法規要求有些差距。

　　目前生物仿製藥的市場規模約為 200 億美元，預估在 2030 年時規模將達到 750 億美元。主要市場仍為北美與歐洲，但亞洲和新興國家有著較高的成長率，未來市場不可忽略！

已開發國家以德國的市場滲透率最佳

　　德國境內製藥發達，在生技藥的開發上以製程生產為主，在法規
製訂上也具歐盟主導地位，加上經濟優於其他國家，但又節制健保支
出，故支持降低生技藥價，所以德國生物仿製藥的使用率全球第一就
不足為奇。

圖 2-5-1 **已開發國家的生物仿製藥市場透率**

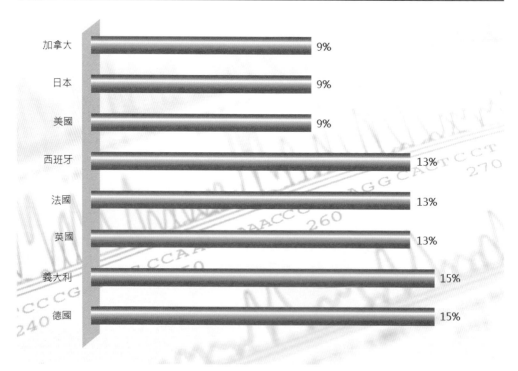

✛ 資料來源：IQVIA 2021

中國生物仿製藥內需市場龐大

受制於藥價壓力，中國、印度都鼓勵生物仿製藥發展，好玩的是，有些生技藥在中國沒有註冊專利，於是造就中國大量開發生技藥，如紅血球生成素 (EPO)，在 Nasdaq 掛牌的中國三生製藥就大賺 EPO 財。

在高階的生物仿製藥方面，例如 2023-2025 專利陸續過期的抗癌生技藥 (Humira, Xarelto, Stelara...) 中國內需市場龐大，中國境內生技公司有美國公司和海外華人相助，加上 SFDA 自訂法規保護境內廠家，即使其生產效率未及原廠藥，但光是中國境內的商機就足夠養活好幾家生物仿製藥公司了！

學名藥領導者藉併購跨入生物仿製藥市場

學名藥領導者紛紛藉由併購的方式跨入生物仿製藥市場，這股趨勢在全球蔓延。

例如，來自英國的 GSK 在 2019 年收購了生物製藥公司 Tesaro；Johnson & Johnson 在 2019 年收購了 Verb Surgical，並於 2021 年收購 Momenta Pharmaceuticals；Merck 也在 2019 年與 2021 年陸續收購了 Peloton Therapeutics 及 Pandion Therapeutics，以擴大其生物製藥業務。

透過併購，這些公司不僅可以取得被併購公司的專業技術和生產資源，擴大其產品線和提高市場佔有率，還能間接取得生物仿製藥在其他國家的行銷權利。

台灣生物仿製藥公司

台灣早期有數家公司以生產紅血球生成素做為募資號召，可惜經營不善；目前在台灣開發生物仿製藥者，有**永昕**、**台康**、**泰福**等。

台康是台灣生仿藥主要公司，其對應於原廠 Herceptin 的乳癌生仿藥臨床實驗已過關，並於 2023 年等待美國上市的最後查廠階段。**台康**另有一乳癌生仿藥 Perjecta，開發時程目前排名全球第二，2024年將入臨床三期，但將採先授權，共同開發方式。**泰福**的白血球生成素則等待美國查廠，公司將改做 ADC（抗體結合化療藥）的生仿藥，但 ADC 挑戰性比單純的抗體生仿藥更高。

亞洲仿製藥競爭態勢

大陸生物仿製公司最有名的是美國上市公司 3S- Bio，產品與 Amgen 類似，幾個知名的暢銷生技藥 3S 均有生產和上市，穩佔亞洲龍頭；大陸幾個大製藥集團，如**國藥**、**上海复星**…均極力發展生物仿製藥。另外還有許多 199x 年代回大陸效力的留美學人，其開發的生物仿製藥很快就可以上市，也成為被大公司併購的對象。

台灣近十年在蛋白質藥上面有不錯的進展，也較有資源提早佈局。例如，前述的台康 Perjecta 乳癌生仿藥。

圖 2-5-2 生物仿製藥全球市場預估

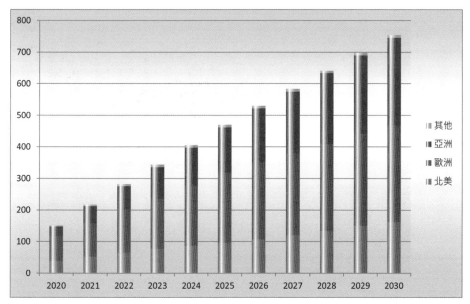

（單位：億美元）

✚ Global Market Insights

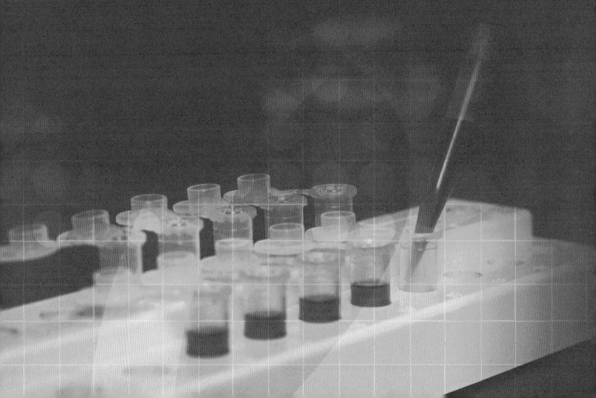

第 3 篇

重要生技產業介紹

本篇導讀 Introduction

　　生技製藥產業龐大, 主要分為小分子和大分子 (蛋白藥) 的開發與生產。而 2017 年基改的 CAR-T 細胞在液體癌交出高治癒率後, 細胞治療也成為全球競相投入的新興科技。

　　經過十年的耕耘, 台灣在生技製藥上, 走出國際競爭力, 成績有目共睹。原料藥公司持續為台灣外銷貢獻營收, 而製藥業則由十年前的內銷, 轉型為外銷, 產值和營收迅速上升。其中保瑞經由併購, 接收美國規格的國際藥廠 Impax 和 Twi, 包括廠房、人員與藥證。而美時/Alvogen 集團則不斷開發困難學名藥, 美國取證, 穩當前進。

　　在新藥開發部份, 最近十年台灣也繳出好成績。在國際已取得藥證上市的新藥包括智擎的胰臟癌藥, 寶齡富錦的洗腎用藥, 近年, 藥華藥的長效干擾劑取得紅血球增生藥證, 行銷全球中。而在授權開發上, 台灣也愈來愈多案例, 例如合一生技的免疫單抗藥物, 針對氣喘與異位性皮膚炎, 於 2020 年以美金 5.3 億, 授權 Leo Pharma。2023年開發肺動脈高壓劑改藥物的國邑, 以美金 2.55 億授權 Liqudia。

　　抗體藥物及單抗試劑, 因此本篇將針對這些類股進行簡介；植物新藥導源於中草藥, 台灣很多單位投入不少資源開發；還有曾經紅極一時的細胞治療、基因治療, 以及人們對之寄以厚望的幹細胞醫療、再生醫學, 我們會在本篇一一分析產業狀況和投資方向。

　　投資生技必須要了解產業上下游, 故本篇將針對台灣有參與的原料藥、大分子藥, 細胞治療、檢測試劑, 植物藥簡單介紹, 較深入的生技藥物請參考生技投資二部曲的詳細介紹。

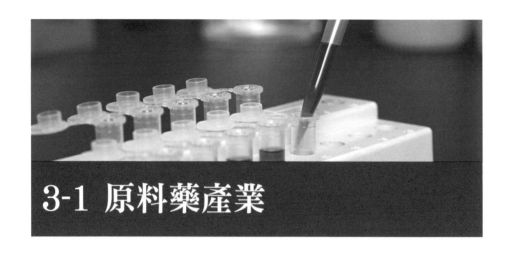

3-1 原料藥產業

　　原料藥是製藥業的上游，更正確地講是小分子藥物的上游原料提供者，在 1985 年第一個生技藥物上市之前，全球只有小分子藥物而沒有生技藥物，時至今日，我們每天使用的處方藥、非處方藥，每療程幾十萬台幣的高級癌藥或一般藥妝店 100 元台幣就買得到的止痛藥、貼布藥膏，其原料都是由原料藥公司生產的。

　　原料藥產業是個相當競爭、相當國際化的產業，本來是美國的天下，印度和中國則是原料藥的後起之秀；台灣在價格上難以和中、印競價，目前存活下來的原料藥廠都走利基路線，專挑高進入門檻的藥物或製程進行開發，例如台灣神隆或台耀；前者以開發高毒性癌藥為主，後者以寡佔市場為主。近年台耀也提供高毒性癌藥原料，並加入針劑填充，為客戶提供全面服務。

　　由於原料藥是國際化產業，有一些國際規則須要了解，才能慧眼識英雄，在本章有簡單的描述。

　　當然生產高級癌藥的公司和一般消炎止痛劑原料提供者是無法放在同一天平評比的，本章先以國際角度介紹整個原料藥產業，再於第3-2 章介紹投資標的選擇方法。

何謂原料藥

原料藥指的是藥品的有效成份，Active Pharmaceutical Ingredient，簡稱 API；以路邊攤一個 15 元的紅豆餅做為比喻，外面那層香香脆脆的皮只是包覆用途，紅豆餡才是主角，紅豆餡就是 API；API 是指**真正提供藥物治療效果的成份**。

▍何謂原料藥廠？

原料藥廠提供 API 給藥廠，藥廠再把各種 API 加入賦型劑，做成藥丸、膠囊、藥膏、藥水或針劑，貼上品牌賣給醫院或病患。**原料藥廠可以說是製藥界最上游的原料提供者**。

▍原料藥從哪來？

API 的來源可以由植物萃取、微生物發酵或化學合成而來，例如腫瘤暢銷藥喜樹鹼 (Irinotecan) 的原料是從青脆枝來的，最早曾種植於台灣綠島；而抗生素主要來源為微生物發酵。

原料藥廠要向其上游，如發酵公司或化工原料廠購買原料，再進行化學合成、化學改良、製程改良，最後做成符合藥典要求的品質，向美國 FDA 登記 DMF (Drug Master File)，表示可生產該項原料藥；**登記 DMF 後，才有提供該項藥物原料的資格**。

而藥廠如果要採用該原料的話，會再進行現場查廠，確定生產製程和品質符合法規 (GMP/ Good Manufacture Practice)，最後才會下單，這叫 "現場查核" (On site inspection)，所以原料藥要被歐美藥廠採用乃是個層層關卡，嚴格認證的冗長過程，進入門檻比電子業高出許多。

圖 3-1-1 原料藥產業上下游

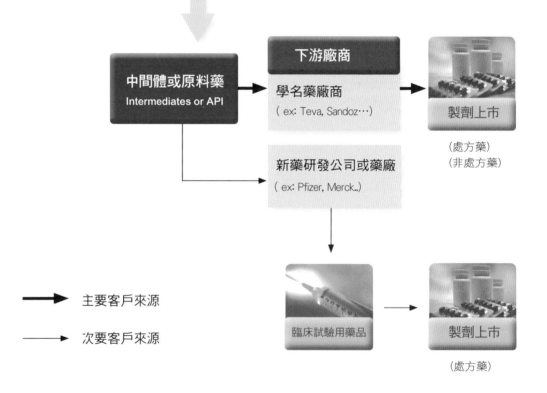

處方藥：須由醫生開方, 於醫院或藥局領藥者

非處方藥：可直接由藥妝店買得者

▌原料藥的門檻

現有 API 約四千多種，60% 為學名藥的 API，40% 為新藥 API。API 競爭激烈，但分高門檻和低門檻 API：

● **低門檻 API**

- 製備不難，供應者多，易被取代，靠低成本維持優勢。

如止痛消炎劑，全球有百來家以上的供應者，價格競爭激烈。

● **高門檻 API**

- 製備不易或供應者不多：例如抗癌藥 Topotecan 的原料，全球供應者僅五家。

- 高門檻 API 較不易被殺價，因為品質和長期合作信任度高於價格考量。

▌原料藥的法規管理

輸往法規國家的 API 須受 GMP 規範，須要該國主管機構查廠，另外藥廠客戶也會定期查廠，以保證供貨品質。

▌原料藥廠的主要客戶

原料藥廠最大的客戶來自於學名藥廠，學名藥就是專利保護期過後，大家都可以生產銷售的藥品，所以學名藥一般比原專利藥便宜，醫院用藥中有七成是學名藥。

另外專利藥和臨床中的新藥也會找原料藥廠提供原料。

小分子學名藥一般只要以補做生體可用率 (BA/Bio Availability) 和生體相等性 (BE/ Bioequivalence) 等實驗，不須要臨床試驗即可申請上市，所以學名藥公司是原料藥公司最主要的客戶。

新藥因為還要經過臨床試驗證明是否安全有效，因此還有不確定性，使用量也不大，故非原料藥廠主要客戶，但有幸該新藥過關上市，通常仍會使用原 API 藥廠，被置換性較小，除非該原料藥廠沒有量產規模。

國際最大的學名藥公司是以色列的 Teva，其他如美國的 Sandoz (乃諾華的學名藥廠)，美國的 Hospira (全球最大針劑學名藥廠，已被併購) 等，也都是全球知名的學名藥公司，另外各大藥廠，如**輝瑞、禮萊、默克、賽諾非**…等，也都有其品牌學名藥，這些知名大藥廠的原料有的由自家原料藥廠生產，有的則向外部原料藥公司購買。

全球原料藥市場

近年由於各國政府財政赤字嚴重，醫療保險也隨之撙節，故大舉提高學名藥的使用比例，這對以提供學名藥為主的原料藥產業不啻是最好的成長動力來源。

2021 年全球原料藥市場大約 2,000 億美金左右，預估於2030年達到近 3,500 億美元，每年約有 6.5% 的成長率。(資料來源：ACUMEN)

圖 3-1-2 全球原料藥市場 (預估)

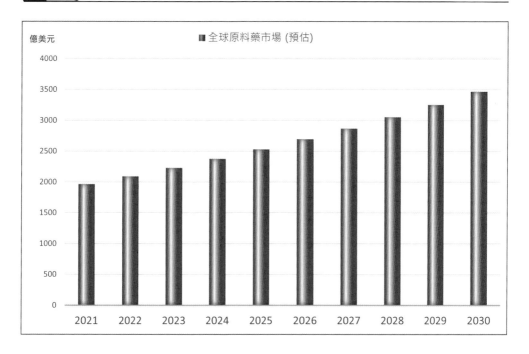

圖 3-1-2 全球原料藥市場 (預估)

原料藥的國際競爭態勢

原料藥早期開發者主要掌控在美國手裡，後來因為環保及成本因素，許多污染較重的原料藥在該地區已不再生產，美國漸漸改做量少但價高的新藥原料藥；其原料藥消耗量的一半為自產，另有 50% 依賴進口。

西歐國家 (如瑞士、德國) 目前為原料藥主要供應地區，提供全球 30% 的原料藥；日本、中國和印度產值各佔 10%、20% 和 15%，但在供貨質量、品項和單價上則有很大的差別。

　　印度早期曾為俄國的化學代工廠，具某些產業基礎，加上後來印度精英挾著歐美留學的語言和人脈，取得歐美原料藥代工機會，多家美國原料藥公司在印度設廠，以取得較低的成本優勢。

　　中國原料藥廠到處林立，主要生產低階的抗生素、維生素及解熱鎮痛類…等一般性原料藥，因價格比國際平均價低 30%~40%，在國際市場上佔有一定份額；較高階的原料藥則因為品質和技術無法達到歐美標準，在品項和量產方面尚須努力，不過境內還是有不錯的國際型原料藥廠積極向歐美查驗單位扣關，其威脅力不容小覷。

台灣原料藥產值

　　原料藥產值主要由台灣上市櫃的幾家公司貢獻，如**台灣神隆、台耀、中化合成、旭富**及**生泰**等；每家公司都各有利基，例如**神隆**專門挑戰高毒性的癌症藥；**台耀**為全球維他命 D 衍生物的主要供貨者，目前手中更握有三個明星產品；**中化合成**則含發酵和合成技術，專注在發酵型的原料藥提供。

　　由於台灣市場小，逼迫台灣原料藥廠一定要以技術取勝，取得國際訂單；但由於台灣原料藥廠商規模不大，且近年來其他國家技術追趕，在價格競爭上比不過中國、印度等原料藥大廠。

　　為因應激烈的國際競爭，台灣的原料藥公司紛紛採取不同的競爭策略來增加規模經濟。，例如**台耀**為客戶提供下游的針劑填充服務，以一站到位方式，穩住客戶。

圖 3-1-3 台灣原料藥產值及成長率

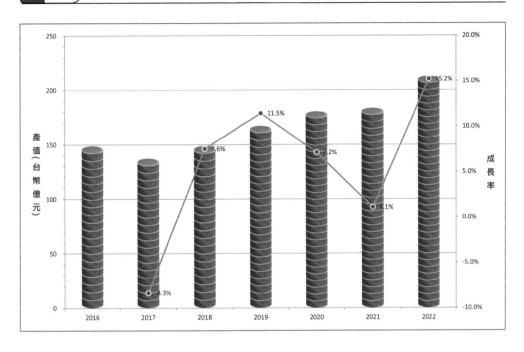

原料藥廠容易被置換而失掉大單嗎？

如果是提供一般性用藥, 例如消炎止痛藥原料者, 很容易被置換, 因為供貨廠家多, 價格競爭激烈, 台灣公司和印度、中國的原料藥廠相比, 不見得有機會, 訂單持久性不高, 除非配合調價；而調價對廠家的殺傷力又和各家原料藥廠的製程規模和成本有關；簡單來說, 具大量製造規模者, 成本較低, 較能低價競爭, 而具製程改良優勢的公司, 更能降低生產成本, 抵抗藥價降低所帶來的殺傷力。

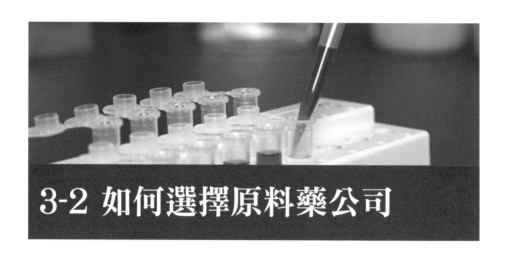

3-2 如何選擇原料藥公司

　　台灣原料藥 2022 年年產值台幣 213 億元，近 90% 外銷，外銷至全球 64 個國家，其中約 30% 銷往美國，和電子業相比這個數字不大，但對一個資源不多的產業而言，則是不錯的成果，因為原料藥產業和生技製藥業相比，除台灣神隆以外，政府投入的資源不多，一般人更不知道有這麼一個產業，但是這個產業為台灣創造不少的外匯，而且全球競爭狀況慘烈，法規嚴格，台灣原料藥公司經過多年努力，終於獲得知名藥廠的信任和訂單，取得供應、代工和參與新藥開發的機會，尤其業者以自己的資金、技術、專利佈局建立競爭基礎，還要應付繁瑣的查廠，和項項要符合的各國法規，台灣原料藥公司的辛苦與堅持，令人敬佩！

　　原料藥產業是個相當競爭的產業，本為歐美天下，中印挾帶成本優勢，成為後起之秀，一般性的原料藥台灣在價格上難以和中、印競爭；但高門檻原料藥則台灣有利基。

台灣原料藥產業值得深耕的理由

● 原料藥進入門檻高，但台灣民間已與國際大藥廠建立長期合作基礎，**Made in Taiwan 乃品質和誠實的保證**。

● 原料藥品項眾多，台灣較容易找到利基市場，避開紅海。

● 某些原料藥產品國際供應者少、產品壽命長、價格穩定。

● 台灣製藥品質高於大陸，極具優勢。

　　但大陸海歸人才急起直追，台灣急須更多管理和科技人才加入，以維持得來不易的利基優勢。

　　另外由於國際競爭激烈，請投資者保留一些空間給台灣上市櫃的原料藥廠商，莫直問詳細的產品毛利率，以免被客戶殺價，最後投資者也受傷。

圖 3-2-1 ▷ 各原料藥公司營收

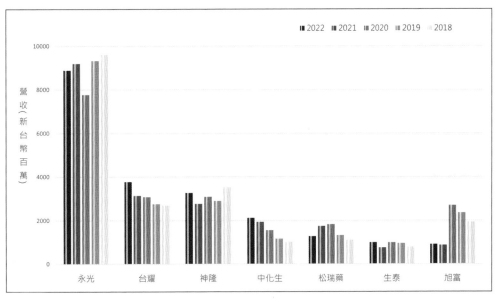

如何選擇原料藥公司

目前台灣存活下來的原料藥公司各有競爭利基, 難以一言以概之, 投資者若有機會投資其他國家的原料藥廠, 以下有些選擇原則可供參考:

▍競爭者多的原料藥易被取代, 價格不易維持

以一般性的消炎止痛劑而言, 全球供應者多達幾十家, 價格競爭激烈, 必須靠經濟規模、製程改良維持成本優勢。投資以消炎止痛劑為主要營收來源的原料藥公司要小心產品被取代的風險, 時時追蹤營收。

▍DMF 在多更在精, 而且還要有供貨能力

在美國 FDA 登錄 DMF (Drug Master File) 只表示該原料藥廠有能力生產符合藥典要求的品質和規格, 後續的查廠認證、量產後的原料品質和價格, 更關乎訂單的取得和穩定性。

以餐廳為比喻, DMF 數目多表示菜單上的菜色多, 吸引客戶上門的機會多, 但和這家餐廳可否維持好生意不能劃上等號。該餐廳有沒有特色餐點?衛生條件好不好?整體餐廳質量和觀感能不能取得客戶的忠誠度?… 這些才是打敗同業維持高獲利的主要因素。

原料藥產業也有類似的狀況, 競爭力乃多種因素的組合, 不單純只有牌照數目和價格因素而已。中國有很多小藥廠會去登錄某些原料的 DMF, 卻沒辦法量產, 也還沒經過查廠, 短期內無法供貨。

另外藥物是要吃進人體的, 找原料藥廠不像找電子零件, 便宜就好。

在台灣，已取得國際大客戶長期合作信任度者有**神隆、台耀、旭富、生泰、中化合成、永光、松瑞藥**，這些公司很多未來的產品都是其客戶建議開發的，表示已看到訂單，當然能否開發成功，尤其在生產上能否做到高毛利則是另一個挑戰，但至少比起其他產業先有產品後找買主要安全許多。

掌握關鍵原料者才是長投首選

每家原料藥廠的競爭策略不同，**神隆**以高毒性癌症暢銷藥為主要開發對象，競爭者都是全球頂尖的原料藥廠，例如 CIPLA, Sun, Dr. Reddy, Teva 等；**神隆**當年的營收大功臣 Irinotecan (癌藥)於 2004 年申請 FDA/DMF 時搶得全球註冊第一名，為其帶來不少的契機；**神隆**每年至少開發五個原料藥，2023~2028 年為某些暢銷藥專利過期的另一個高峰，**神隆**是否能再創佳績，我們拭目以待。

競爭者少較能維持穩定價格

競爭者少有如寡佔市場，才能維持價格優勢，這對原料藥廠尤其關鍵。**台耀**股本小，只能專注在某些利基市場，市場雖然不如癌藥，但**台耀**某些品項全球競爭者只有 2-3 個；**台耀**以走寡佔市場路線取勝。

如何查詢原料藥廠的全球競爭者？

上網查美國食品藥物管理局 FDA 的 DMF (Drug Master File) 檔案，就可以看到每一種藥物全球原料藥供應者的名單。

舉例來講，MMF 這個免疫抑制劑的提供商就高達幾十家，造成價格競爭激烈。而這也是以 MMF 為主力產品的中化合成營收不穩的原因之一。

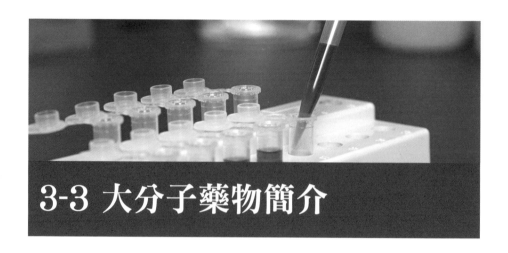

3-3 大分子藥物簡介

　　大分子藥物指的是分子量較大的蛋白質藥物 (protein drug)，包括調節生理所需的蛋白質 (如血球生成素、酵素)，還有針對疾病而設計的單株抗體和疫苗等。

　　蛋白質藥物可應用於治療貧血、癌症、自體免疫性疾病 (多發性硬化症、類風濕性關節炎、….)、心血管疾病、糖尿病、荷爾蒙失調等疾病；目前在歐美已有超過 300 多個蛋白質藥物上市，約 400 個在研發階段，估計 2026 年全球產值將達 3,942 億美金，乃未來最具競爭力的藥物區塊；而其中又以單株抗體藥物最有競爭力，目前全球前十大暢銷藥有近一半都被單株抗體藥物佔領，因為單抗藥物藥效直接、副作用低，平均一個療程萬元美金起跳。

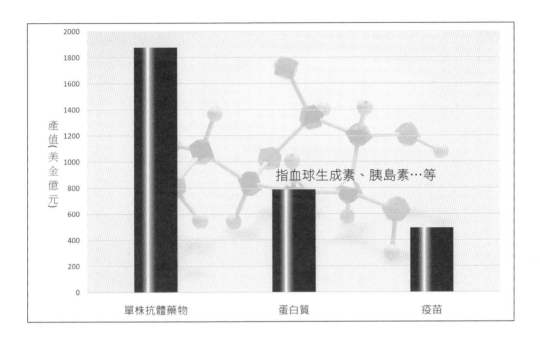

圖 3-3-1 **2022 年大分子藥物營收**

生技藥物以 "基因重組" 利用 "生物體" 為我們製造藥物

第一個生技藥物－重組胰島素，於 1982 年問世，它是一個利用基因重組，由科學家設計基因，利用大腸桿菌 (E. coli) 生產出來的人工胰島素，是第一型糖尿病患者的救命恩人。

在這裡我們要學二件事：

● 第一個是 "基因重組"

● 第二個是生技藥物的 "製造工廠"

　　基因重組顧名思義就是基因重新組合的意思，例如把人類基因接到細菌基因上；而生技藥物的**製造工廠**是原本上帝就幫我們設計好的各種微生物或細胞；例如大腸桿菌、酵母菌、哺乳動物細胞等等，我們稱之為 "生物工廠"，這些生物工廠每個單一細胞都是配備齊全的製造工廠，含有 DNA、粒線體、內質網、高爾基體⋯可以生產複雜的蛋白質；所以科學家就利用基因重新組合的設計，把人工設計的基因植入這些細胞工廠裡，細胞工廠就會按照科學家給的 "基因藍圖" 源源不絕地製造出科學家想要的產物，這就是生技藥物簡單的生產原理。

為何要基因重組？

　　以胰島素為例，早期糖尿病患所須的胰島素是由牛或豬的胰臟取出，但牛的胰島素和人類胰島素有三個胺基酸不同，而豬來源者有一個胺基酸與人類相異，有些病人會對這些動物來源的胰島素產生過敏；於是科學家利用基因重組技術，把設計好的人類基因送入大腸桿菌中，"命令" 細菌生產出和人類胰島素完全一模一樣的 "人類" 胰島素 (Human insulin)，解決屠殺動物和過敏的問題。

不同蛋白藥物選擇不同生物工廠

　　早期蛋白質藥物以紅血球生成素、胰島素為首 (表 3-3-1)，由於胰島素由 50 個胺基酸組成，分子量才五千八百多道耳頓 (Daltons)，不算太大，還可以由大腸桿菌這種低階細菌生產，較高階的蛋白質則須要後段的蛋白質修飾，以接近人類蛋白質，於是科學家又發展出以酵母菌或哺乳動物細胞為生產工廠的技術出來。

　　表 3-3-1 的明星生技藥物，例如治療癌症或免疫性疾病的單株抗體藥物都是由哺乳動物細胞生產的。

表 3-3-1 2022 年大分子藥物營收佔比			
分類	品項	比例	年銷售額（美金億元）
單株抗體	單株抗體	59%	1860
疫苗	疫苗	16%	495
蛋白質	紅血球生成素	4%	139
	白血球生成素	3%	80
	胰島素	6%	187
	干擾素	3%	85
	生長激素	1%	34
	凝血因子	2%	54
	其他	7%	211
總計		100%	3145

✚ 資料來源：公開資訊

早期生技藥物主要為血球生成素、胰島素，現在指的單株抗體藥物

　　生技發展日新月異，表 3-3-1 大致把**大分子藥物分為單株抗體、疫苗、蛋白質藥物三大類**，其實它們都是蛋白質，但為何有如此讓外界人迷惑的分法？因為如果再細分的話，就可以發現早期生技藥物主要為血球生成素、胰島素等人體本來就有的蛋白質，而近代大分子藥物指的是**人工設計**出來的**單株抗體藥物**。

　　1990 年代上市的生技藥物, 如表 3-3-2所示, 乃胰島素、血球生成素、干擾素、生長荷爾蒙和血液凝血因子等這幾大類; 這些蛋白質都是人體本來就存在的物質, 由生技公司將之開發出來, 提供給分泌不足的病患使用。隨著科技進步, 科學家挑戰分子量愈來愈大, 結構愈來愈複雜的蛋白質, 尤其是單株抗體。

　　抗體是人類對外來物質所產生的 "特異性" 蛋白質, 可中和或去除外來異物, 或號召更多免疫大軍攻擊外來物; 由於特異性極高, 可針對某個 "肇事者" 進行去除或攻擊行動, 所以單抗藥物的基因設計、蛋白質的後段修飾、蛋白質的三度空間結構與受體間的關係研究…各種分子層次的科技改進早就不是 1990 年, 胰島素、紅血球生成素的年代可與之比擬, 有如木造房屋和摩天大樓之比, 有關單株抗體請見第 3-4 章分析。

表 3-3-2　1990 年代的蛋白質藥物, 大部分是人體原本就存在的蛋白質			
蛋白質藥物商品名	醫療應用	開發／行銷公司	上市年代
Humulin（胰島素）	糖尿病	Genentech/Eli Lilly	1982
Roferon-A (干擾素 IFN γ -2a)	白血病 及卡波西肉瘤	Genentech	1987
Activase (tPA 酵素)	急性心肌梗塞	Genentech	1987
Humatrope (生長荷爾蒙)	兒童生長賀爾蒙不足	Eli Lilly	1987
Intron A (干擾素 IFN α -2b)	白血病、卡波西肉瘤, 非 A、B型肝炎	Biogen/Schering-Plough	1988
Epogen (EPO 紅血球生成素)	洗腎所造成的貧血 (刺激紅血球生成)	Amgen; Ortho Biotech	1989

續前表：

蛋白質藥物商品名	醫療應用	開發／行銷公司	上市年代
Alferon （干擾素IFN α -n3）	生殖器疣	Interferon Sciences	1989
Actimmune （干擾素IFN γ -1b）	慢性肉芽腫病 （granulomatosis）	Genentech	1990
Neupogen（G-CSF） 白血球生成素	洗腎所造成貧血 （刺激白血球生成）	Amgen	1991
Leukine or Prokine （GM-CSF）	骨髓移植所造成貧血 （刺激白血球生成）	Immunex; Hoechst-Roussel	1991
Proleukin (IL-2)	治療腎細胞惡性腫瘤	Immunex/Chiron	1992
Recombinate	治療 A 型血友病	Baxter HealthCare/ Genetics Institute	1992
Bioclate （第八凝血因子）	治療 A 型血友病	Centeon	1993
Pulmozyme (DNase I)	治療纖維性囊腫	Genentech	1993
Neutropin（GH ）	治療兒童生長賀爾蒙 不足	Genentech	1994
NovoSeven （第八凝血因子）	治療 A 型血友病	Novo-Nordisk	1995
Roferon A（α -2a）	治療髮型細胞白血病	Hoffman La Roche	1995
Revatase (tPA)	治療急性心肌梗塞	Boehringer Manheim/Centocor	1996
Avonex (IFN β -1a)	治療多發性硬化症	Biogen	1996
Benefix （第九凝血因子）	治療 B 型血友病	Genetics Institute	1997
Wellferon （干擾素 IFN α -n1）	治療 C 型肝炎	Wellcome Research Laboratories	1999

表 3-3-2 附註：

tPA (Tissue plasminogen activator)

IFN (Interferon)：干擾素

EPO (Erythropoietin)：紅血球生成素

GH (Growth hormone)：生長賀爾蒙

IL (Interleukine)：介白素

G-CSF (Granulocyte colony-stimulating factor)：粒性細胞生長因子

GM-CSF (Granulocyte-macrophage colony-stimulating factor)：粒性細胞-巨噬細胞生長因子

Clotting factor：凝血因子

全球大分子藥物營收與成長性排行

很多生技藥物的資料由不同單位根據不同目的進行分析，所以常有同一藥物有不同商品名或由不同藥廠行銷而有不同營收統計數字的情形，讀者有時會感覺頭昏腦漲，不過全球最知名的大分子藥物只有幾種，在本書裡一再重覆的也是這幾種藥物而已，請讀者不用有心理障礙。

根據 GlobalData 在 2022 年對全球大分子藥物 (Biologics) 營收及成長率的統計，如表 3-3-3 所示，其中個別營收排行前三名的是 Enbrel, Remicade 和 Humira，此三藥都是對抗類風濕性關節炎的單株抗體藥物，其次為抗癌用的單株抗體藥物，如 Avastin, Rituxan, Herceptin 等。非單株抗體的大分子藥有重組胰島素 (Lantus)、紅血球生成素 (Epogen)、白血球生成素 (Neulasta) 及由 heparin 改良的抗血栓劑 Lovnex，Lovnex 成長下滑是因仿製藥上市之故。

表 3-3-3 2022 年大分子藥物營收與成長性

大分子藥	2021營收	2022營收	佔比	成長率	主要用途
Humira	206	212	5.5%	2.9%	單抗藥物/ 類風濕性關節炎
Keytruda	171	209	5.5%	22.2%	單抗藥物/非小細胞肺癌、黑色素瘤
Eylea	84	96	2.5%	14.3%	抗血管新生治療劑/ 黃斑病變
Stelara	91	97	2.5%	6.6%	單抗藥物/斑塊性乾癬
Dupixent	62	83	2.2%	33.9%	單抗藥物/異位性皮膚炎
Opdivo	75	76	2.0%	1.3%	單抗癌藥/黑色素瘤
Darzalex	60	80	2.1%	33.3%	單抗癌藥/ 多發性骨髓瘤治療
Skyrizi	29	52	1.4%	79.3%	單抗藥物/斑塊性乾癬
其他	2606	2915	76.3%	11.9%	
總計	3384	3820	100.0%		

資料來源：GlobalData, 2022　　　　　　　　　　　　　　　　單位：億美元

大藥廠在大分子藥物的全球滲透率

　　根據 2022 年的藥廠排名，**輝瑞、艾伯維和諾華**是全球營收最高的藥廠。其中，**輝瑞**因疫情影響受惠，所生產的疫苗銷售超過 400 億美元。但要注意的是，目前已開發國家基本上每人都已經施打 3-4 劑疫苗，且隨著新冠疫情轉變成流感化，對疫苗的需求會逐漸下降；**艾伯維**的 Humira 帶來了超過 200 億美元的營收，但由於專利即將到期，這塊大餅很快就會被其他藥廠分食。

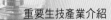

　　而**羅氏**、**嬌生**和**賽諾菲**為生產大分子藥品的知名藥廠，有著深厚的技術實力與眾多產品線，其營收較為穩定。

表 3-3-4 2022 年藥廠排名					
排名	藥廠	銷售額	2021 暢銷藥	藥物分類	銷售額 (億美元)
1	Pfizer	720	Comirnaty	大分子/疫苗	368
			Prevnar 13	大分子/疫苗	55
			Ibrance	小分子	54
2	AbbVie	550	Humira	大分子/單抗	206
			Imbruvica	小分子	43
			Skyrizi	大分子/單抗	29
3	Novartis	511	Cosentyx	大分子/單抗	47
			Entresto	小分子	35
			Gilenya	小分子	27
4	Johnson&Johnson	498	Stelara	大分子/單抗	91
			Darzalex	大分子/單抗	60
			Remicade	大分子/單抗	31
5	Roche	492	Ocrevus	大分子/單抗	55
			Perjeta	大分子/單抗	43
			Actemra	大分子/單抗	38
6	BMS	456	Revlimid	小分子	128
			Eliquis	小分子	107
			Opdivo	大分子/單抗	75

排名	藥廠	銷售額	2021 暢銷藥	藥物分類	銷售額 (億美元)
7	Merck&Co	432	Keytruda	大分子/單抗	171
			Gardasil	大分子/疫苗	56
			Januvia	小分子	33
8	Sanofi	389	Dupixent	大分子/單抗	62
			Fluzone	大分子/疫苗	31
			Lantus	大分子/重組胰島素	29
9	AstraZeneca	361	Tagrisso	小分子	50
			Vaxzevria	大分子/疫苗	39
			Farxiga	小分子	30
10	GSK	334	Triumeq	小分子	25
			Shingrix	大分子/疫苗	23
			Tivicay	小分子	19

✚ 資料來源：PharmExec

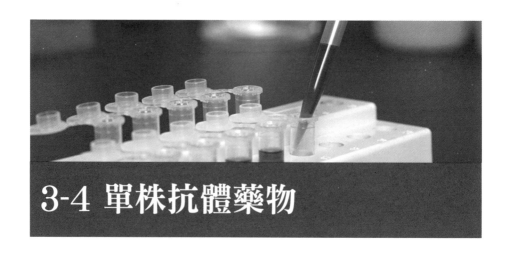

3-4 單株抗體藥物

　　若要說生物科技對人類應用面最廣的技術是什麼?我想大部分人會說是單株抗體技術, 單株抗體有二個主要用途, 檢驗與治療:

● 單株抗體檢驗試劑:當偵探, 找出肇事者或標的物

● 單株抗體藥物:當醫生, 治療重症

　　藥物市場遠大於檢驗試劑, 目前全球前十大暢銷藥有近一半都是單抗藥物。何謂單抗藥物? 單抗藥物為何強勢? 哪個台灣公司有機會? 本章將有說明。

單抗藥物乃 "人工智慧進階版" 的蛋白質藥物, 更是明日之星

如前所述單株抗體藥物也屬於大分子的蛋白質藥物, 但和 1990 年代的蛋白質藥物不同在單抗是 "人工智慧進階版"。

如表 3-3-2 所示, 早期的蛋白質藥物都是人體本來就存在的調節型蛋白質, 如胰島素、凝血因子、介白素、紅血球生成素…., 分別調控血糖、促進血液凝固、增加免疫力、促進血球生成, 以治療先天性糖尿病、血友病、輔助癌症治療、降低洗腎後遺症；基本上是 "補不足", 但對 "過多" 卻束手無策。

"過多" 所造成的疾病有自體免疫性疾病、過敏, 還有癌症。自體免疫性疾病和過敏主要是免疫系統異常, 造成 "過度" 分泌某些發炎物質, 讓病患苦不堪言。

而癌症是某些細胞表面受體 "過度表現" (over expression), 持續對細胞刺激, 造成細胞生長不受控制, 最後變成腫瘤。

平常人增胖比較簡單, 多吃, 體重就會增加；但減重可就較傷腦筋, 如何減到該減的地方, 而不影響該豐腴的地方, 則是挑戰！相同的道理, **去除身體 "過多" 的肇事份子, 遠比補充 "不足" 困難許多**, 總不能為了去除 "少數的害群之馬", 而要整個團隊陪葬吧！

　　而這問題一直到單株抗體技術的出現, 才獲得解決, 從此人類探討
疾病起源的工具和武器更是一日千里! 單株抗體技術很複雜, 投資者
直接了解其應用更能抓住重點, 所以本書不討論技術部分。

 單株抗體 (Monoclonal Antibody)

抗體為免疫系統 B 細胞所分泌出來的蛋白質, 長得像一個 Y 字型(圖 2-1-1), 上面的二根觸角是 "抗原決定區" (epitope)。

當有外來物質如細菌或病毒 (抗原) 入侵時, B 細胞就會產生 "專門" 對付
該病菌或病毒的抗體, 以保護我們的身體。因為它具有一對一的特異性,
所以是個很好的工具或探針 (probe), 有如為某人製做其特有的名片一樣,
讓科學家可以知道誰是誰, 以利研究。

單株抗體的製造技術起源於 1975 年, 二位科學家成功地結合 B 細胞和長
生不死的骨髓瘤細胞, 製造出融合瘤細胞 (hybridoma), 使科學家可以從此
源源不斷地大量製造特定的單株抗體。

科學家有此利器後, 才能研究疾病起源; 又經過不斷的長期努力, 終於針
對不同疾病, 開發出不同的單株抗體藥物。

　　單株抗體具有 "一對一" 的專一特性, 可以 "針對問題提出解
決方法", 提高療效、減低副作用, 當然單價亦高, 所以 2009 年全
球前十大暢銷藥中有五個是單抗藥物 (表 3-4-1); 其中 Remicade,
Enbrel, Humira 都是治療類風濕性關節炎的單抗藥物, 另外二個單
抗, Avastin 和 Rituxan, 則是治療癌症的標靶藥物。2009 年全球前
十大暢銷藥中有五個是單抗藥物 (表 3-4-1)。

排名	商品名	單抗特性	適應症	行銷公司	2021營業額(億美金)
1	Comirnaty		COVID-19	Pfizer/BioNtech	403
2	Humira	抗TNF	類風濕關節炎、克隆氏症、乾癬、幼年型自發性多關節炎等	AbbVie	206
3	Spikevax		COVID-19	Moderna	176
4	Keytruda	抗PD-1	晚期黑色素瘤	Merck&Co	171
5	Eylea		濕式黃斑部退化病變、視網膜靜脈阻塞(RVO)	Regeneron/Bayer/Santen	92
6	Stelara	抗IL-12、IL-23	乾癬症	Johnson & Johnson/Mitsubishi Tanabe Pharma	91
7	Opdivo	抗PD-1	黑色素瘤	Bristol-Myers Squibb/Ono	83
8	REGEN-COV		COVID-19	Regeneron/Roche	75
9	Trulicity		第 II 型糖尿病	Eli Lilly	64
10	Jardiance		第 II 型糖尿病	Boehringer Ingelheim/Eli Lilly	61

表 3-4-1 2021 年全球前十大暢銷藥

單抗藥物在醫療上的應用

單株抗體藥物主要應用在抗發炎及癌症治療上，在抗發炎方面，過去無藥可醫的類風濕性關節炎及嚴重型氣喘，都因單株抗體的發現，使病人重見天日；知名氣喘藥 Xolair 就是台灣科學家**張子文**博士在美國 Tanox 生技公司開發出來的單抗藥物； Tanox 在 2006 年被 Genetech 以美金 9.19 億併購，2022年 Xolair 全球銷售量 13.6 億美金。而**中裕**的 Ibalizumab (TNX355) 也曾是 Tanox 的產品線之一，在 Tanox 被併購後，現由**中裕**執行臨床試驗，已經獲美、歐核准上市，Ibalizumab 是全球目前進展最佳的愛滋病單株抗體藥物。

表 3-4-2 目前單株抗體藥物及其適應症

單抗藥物分類	商品名/產品名	應用／適應症	原理
抗發炎	Humira/Adalimumab	自體免疫疾病／抗風濕性關節炎	anti TNF-
	Remicade /Infliximab	自體免疫疾病／抗風濕性關節炎	anti TNF-
	Enbrel/ etanercept	自體免疫疾病／抗風濕性關節炎	anti TNF-
	Xolair / omalizumab	抗過敏, 抗氣喘	anti-IgG
	Simulect/basiliximab	器官移植用／抗移植排斥	anti-IL2
	Zenapax /daclizumab	器官移植用／抗移植排斥	anti-IL3
	Dupixent / dupilumab	特定皮膚疾病	anti-IL-4
	Stelara/ustekinumab	乾癬症	anti-IL-12、IL-23
	Skyrizi / risankizumab	乾癬症	anti-IL-23

續前表：

單抗藥物分類	商品名/產品名	應用／適應症	原理
抗癌	Avastin/bevacizumab	抗血管增生	anti-VEGF
	Eylea / aflibercept	抗血管增生	anti-VEGF
	Erbitux/ cetuximab	大腸直腸癌、鱗狀皮膚癌	anti-EGFR
	Herceptin/ trastuzumab	乳癌	anti-HER2/neu
	Rituxan/ rituximab	淋巴癌	anti-CD20
	Mylotarg /gemtuzumab	骨髓瘤	anti-CD33
	Darzalex/ daratumumab	骨髓瘤	anti-CD38
	Campath alemtuzumab	治療 B 細胞慢性白血病(B-CLL)	anti-CD52
	Keytruda/pembrolizumab	晚期黑色素瘤	anti PD-1
	Opdivo/nivolumab	黑色素瘤	anti PD-1
其他	palivizumab	抗呼吸道病毒	anti RSV
	abciximab	防心血管阻塞	anti GpIIb/IIIa on platelets

單抗藥物在抗發炎方面的治病原理

　　在抗發炎方面，我們以自體免疫性疾病為例，說明單株抗體如何降低發炎症狀：自體免疫性疾病，例如類風濕性關節炎、紅斑性狼瘡等等，乃身體免疫系統產生錯亂，自己對自己的細胞產生攻擊的疾病，原因不明，一般以類固醇治療，但只能緩解症狀而無法根除，病情會持續惡化。

以類風濕性關節炎 (Rheumatoid Arthritis), 簡稱 RA 為例, 科學家經過多年研究, 發現 TNF-Alpha 過多是造成 RA 病人發炎的主要原因；TNF 全名為 Tumor Necrosis Factor (腫瘤壞死因子) 乃人體的清道夫, 專門去除老舊細胞和抵抗外來病毒用, 但自體免疫疾病病患不知何故, 其免疫系統對自身細胞產生攻擊, 分泌過多的 TNF-Alpha, 造成關節腫脹變形, 苦不堪言。

於是科學家開發 "抗TNF-Alpha" 的單株抗體, 把病患體內多餘的 TNF-alpha "中和" 掉, 減輕病患症狀, 防止進一步關節變形。

開發生物仿製藥的**永昕**, 即有生產 anti-TNF 抗風濕性關節炎的單抗藥物。

單抗藥物在癌症治療上的原理

正常細胞生有時, 死有時, 按照規律, 正常代謝 (以白話文詮釋就是按時出現, 按時消失), 而癌症起源於這個正常代謝系統出現問題, 某些細胞受到某些刺激, 過度增生, 該死不死, 並分泌毒素, 導亂身體正常運作, 最後整個人體崩潰。

而這些刺激常常起因於細胞表面上的 "受體" 大量增加所致, 於是科學家針對不同的癌症起因, 生產**專一性單株抗體, 把受體 "塞住" 或 "擋住" (block), 減少正常細胞被刺激與增生, 這就是單抗癌藥的主要治病原理。**

而受體 (receptors) 是什麼呢?各位可以把它們想像是進入細胞的門或接受器;我們的細胞就像一個獨立運作的工廠,每個要進入工廠的物質都有各自對應的 "門" 管控進出;當一些不明原因造成大門管控不正常時,細胞運作就會失控。

科學家已經找出一堆容易失控的受體,他們和癌症的形成有很大的關係,例如百分之七十六的大腸癌病患,其細胞上的 EGFR 受體表現過多 (EGFR=epidermal growth factor receptor=表皮細胞生長接受器),暢銷大腸癌藥 Erbitux,就是阻斷 EGFR 受體的單抗藥物。

治療乳癌的 Herceptin 賀癌平,主要阻斷 Her2 受體 (圖3-4-2),防止 Her2 過度表現引發乳癌;另一個更知名的單抗癌藥 Avastin 則是阻斷 VEGF (血管增生受體),使癌細胞無血管補給線運送糧草而餓死。

Avastin 可用於治療大腸直腸癌、腦瘤、肺癌、乳癌、消化道腫瘤、泌尿道腫瘤,甚至淋巴瘤、多發性骨髓瘤及白血病,也可以用在血管增生引起的濕性老年黃斑退化 (Age-related Macular Degeneration, AMD),一個引起失明的老年疾病。

圖 3-4-2 癌症單抗藥物 Herceptin 治癌機制

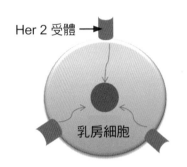

Her 2 受體

乳房細胞

正常數量的 Her 2 發出訊號
使乳房細胞正常生長與分裂

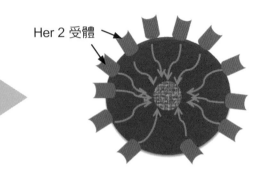

Her 2 受體

但 Her 2 過度表現的病人
發出過多的訊號, 使細胞
過度生長, 變成癌細胞

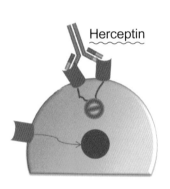

Herceptin

Herceptin 可阻斷 Her2 發出
過多訊號, 使細胞生長恢復
正常;但也可能經由 ADCC
或其他機制清除癌細胞

單抗藥物的優點

單抗藥物因為 "目標明確","對症下藥",所以成為最好的標靶藥物;標靶藥物指的是只針對有問題的細胞 (例如癌細胞) 做治療,而不會影響到正常細胞,所以使用標靶癌藥不會像放射線治療或化療一樣,正常細胞和癌細胞都一起殺,殺到最後整個人的正常代謝功能和體力都大受影響,病人出現免疫力下降、脫髮、噁心、嘔吐等副作用。

台灣在單株抗體藥物的研發

大家看了以上的簡單描述，應該會有感覺單抗藥物的開發充滿技術挑戰，也須要長期資金和時間的支持，台灣在單抗藥物的開發上還算不錯，例如**台灣醣聯**，雖然苦熬多年，但均有授權國外藥廠實績，在產品完成動物實驗後就授權給國外藥廠，並收取授權金，而每當它的授權夥伴進入下個臨床實驗，台灣公司就可以收到一筆數千萬元的里程碑費 (Milestone fee)，這就是新藥開發公司的收入來源。

泉盛的 FB-825，乃**中研院張子文博士**的抗過敏單抗藥物 Xolair 的下一代，**泉盛**後被併入**合一生技**後，針對氣喘與異位性皮膚炎開發，2020 年於臨床二期初期，以美金 5.3 億，授權 Leo Pharma，進行共同開發，成為台灣有史以來最大的國際授權案，也讓曾經低迷一時的台灣生技股市，重震雄風。

台灣單抗藥物公司	研發內容	授權時的產品開發階段	授權金額
台醫	自體免疫性藥物	臨床前	2005 年授權德國百靈佳, 前 US$5M, 總金 US$130M
醣聯	大腸癌藥物	臨床前	2009 年授權給大塚製藥；前 US$3M, 總金 US$200M
合一	過敏藥物	Phase II a	US$530M
中裕	愛滋病藥物	Phase II b	US$220M

註 前金為簽約金, 最快可於當年度認列, 總金為當產品上市後總共可取得的金額, 較難掌握實現時點。請另見第四篇說明。

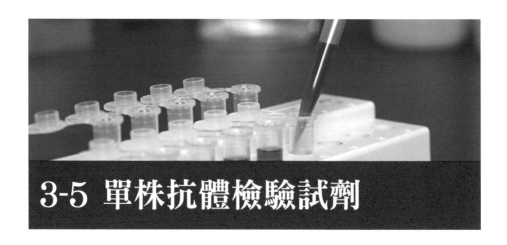

3-5 單株抗體檢驗試劑

　　單抗的另一個應用是檢驗試劑，這塊市場又可分為二部分：研發用試劑及體外檢驗試劑， 前者客戶對象是研究室、製藥公司，後者是醫院、病理檢驗所，後者市場較大且單品售價較高。。

　　而近年基因檢測有更精確與普及之勢，有機會再詳述，或參考生技投資聖經二部曲。

前章講到單株抗體的優點是特異性高，"一夫一妻制"，一個抗體只對應一個抗原，所以是很好的探針，**讓我們做研究時可以正對紅心，而不會偏差到外圍較不相干的雜訊上，因此大大提高研究效率**。

大家都聽過仙履奇緣這個童話故事吧，想要在茫茫人海找到和王子跳舞卻又不告而別的仙度拉 (Cinderella)，最好的方法就是讓那些號稱是她的人都去套套看那支玻璃鞋，套得進去又合腳的人才是真正的仙度拉；單株抗體就是那支量身訂做的玻璃鞋，不合腳的人是套不進去的；而愈合腳就愈容易找到真正的仙度拉。

假設仙度拉那晚和王子跳舞穿的是高跟涼鞋，只有前面二條帶子後面一條帶子，腳肥腳瘦只要同腳號都可以套得進去，您想王子要找到真正的仙度拉，可能嗎？全國腳一樣大的女孩就有幾百幾千個，又如何從這麼多的女孩當中找到那晚戴面罩的仙度拉？

同理以推，單株抗體也要儘量設計精緻，才能一下子命中標的，否則找到一堆似是又非的候選者，途勞無功。而如何設計出精緻的單株抗體，這就要靠學問了，所以同樣是試劑公司，功力大大不同。

而依應用性，**單抗試劑又分為實驗室使用和臨床檢驗用，二者要求標準不同，公司的經營模式也不太相同**，雖然生產技術相同。

研究用單抗試劑

全世界至少有幾千幾萬個學校研究室、研發單位或藥廠研發部門進行醫藥或其他生技研究，這些研究室或多或少都須要用到單抗試劑來進行確認工作，所以試劑公司會準備一般常用的研發試劑放在網站或編成目錄，以提供客戶直接購買，或接受客戶委託生產特殊的單抗試劑，這種公司我們叫它們 reagent company，像台灣的**亞諾法**就是全球知名的試劑公司之一。

圖 3-5-1 單抗試劑

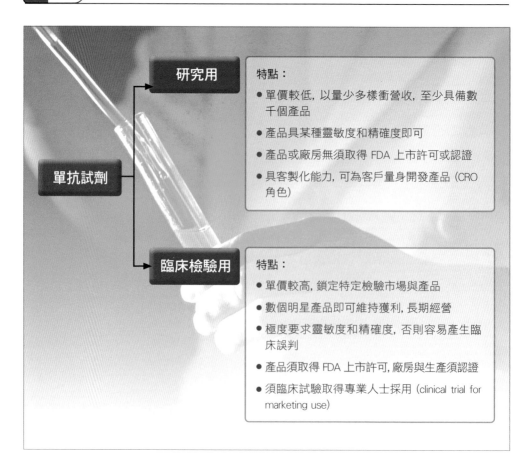

研究用

特點：

● 單價較低, 以量少多樣衝營收, 至少具備數千個產品

● 產品具某種靈敏度和精確度即可

● 產品或廠房無須取得 FDA 上市許可或認證

● 具客製化能力, 可為客戶量身開發產品 (CRO 角色)

單抗試劑

臨床檢驗用

特點：

● 單價較高, 鎖定特定檢驗市場與產品

● 數個明星產品即可維持獲利, 長期經營

● 極度要求靈敏度和精確度, 否則容易產生臨床誤判

● 產品須取得 FDA 上市許可, 廠房與生產須認證

● 須臨床試驗取得專業人士採用 (clinical trial for marketing use)

相較於新藥研發，試劑公司進入門檻不算高，但要做到全球知名且營業額千萬美金以上則不太容易，除了產品靈敏度高，不可有雜訊干擾研究結果外，產品品項的含蓋率、產品品項是否符合研發潮流，以及客戶關係的穩定性等等，都是試劑公司能否成功的主決因素。

全球提供研發用試劑的公司不少，有所謂的 one-stop-shop，像家樂福一樣的量販店，提供各式各樣的大眾貨；但要找到比較特殊或客製化的試劑就得找較小的專業型試劑公司；像細胞內的訊息傳導 (signal transduction) 乃近年熱門的藥物開發重點，於是有些試劑公司會朝此方發展單抗試劑，讓藥廠客戶可以想買就有產品可以使用，不用浪費時間等三個月製備單株抗體。

台灣本土試劑公司以**亞諾法**為成功的代表，**亞諾法**已擠入國際前十大知名研發用試劑公司，在生產方面結合電子業的管理方式，在產品線累積及生產成本及效率管控上充份發揮台灣公司的特點，營收雖不如美國同業，但獲利率卻優於美國公司。

臨床檢驗用單抗試劑

早期檢驗早期治療

在疾病檢測方面，單抗試劑更是功臣，以癌症檢驗為例，單抗試劑發揮強大實力，拯救無數早期癌症病患，大大落實 "早期檢驗，早期治療" 的目標，降低全球可觀的醫療費用！

和儀器比起來，**單抗癌症檢驗試劑靈敏度極高，在細胞剛開始癌化分泌不正常蛋白質時，就可以抽血檢查出來**，不用等到癌細胞長成腫瘤後才被超音波、X-光照出來。在治療上，單抗檢驗試劑搶得早期偵測 (early diagnosis) 的先機，所以被大量使用在癌症篩檢上。

當然不同癌症有不同最佳檢測方法，儀器檢驗有儀器檢驗的應用，不能等同而論，不過，單抗檢驗是 "預防醫學" 的重要一環則是不容懷疑的事實。

療效追蹤的利器

單抗試劑也用在篩選有效病人和藥效追蹤上，是醫生依賴的左右手之一；舉例來說，在前章提到的乳癌標記 Her2 受體，25-30% 的乳癌病患因為 Her2 表現過高而產生乳癌，所以使用 Herceptin 賀癌平單抗藥物中和 Her 2 受體，使它不要過度表現而轉變成癌細胞。

但是 Herceptin 只對 25-30% 的乳癌病患有效，那另外六七成的病患若一開始也使用 Herceptin，不是白白延誤黃金治療期嗎？

這時檢驗用的 Her 2 單抗試劑就派上用場了！先檢驗病人的乳癌是不是導因於 Her 2 受體表現過高，若是，則使用 Herceptin，若不是，則使用別的藥物；而在治療中，使用 Herceptin者，醫生也可以使用 Her 2 試劑追蹤治療有無好轉。

單抗檢驗試劑在臨床方面的用途為：
篩選目標病患及追蹤治療效果。

這就是單抗檢驗試劑在臨床方面的用途，即篩選目標病患及追蹤治療效果。

臨床檢驗用的試劑必須經過臨床試驗證明有效，才能取信於醫生

在乳癌 Her 2這個案例裡，單株抗體可以做為檢驗試劑，也可以做為藥物，當然做藥物和做試劑的單株抗體生產來源和整個製程都不同，也由不同的公司開發上市。

做藥物的單抗要求標準要比做試劑者複雜多了，但是二者都必須經過臨床試驗證實有效才能上市。是的，臨床用的檢驗試劑也必須經過臨床試驗，證明該公司生產的試劑真的可以有效驗出目標病患，才能推到醫院。而沒有專利保護或已過專利保護期的生物標記 (Bio-markers)，誰家的試劑產品可佔有市場呢？ 當然就取決於該產品的精確性和靈敏度嘍！而行銷費用的舖設多寡也是市佔率取得的因素之一，財力雄厚的公司較有機會深入各家醫院，讓醫生認識並推薦醫院採用其檢驗試劑，小公司則較吃虧，這也是台灣生技公司普遍面臨的問題。

台灣每年有超過 5,000 名新增的乳癌病患，在篩檢推廣以及醫學進步下，早期乳癌的存活率越來越高，第一期癌患五年存活率高達 84%，第二期也超過 71%。但是並非所有早期乳癌罹患者都如此幸運，約有五分之一的乳癌患者腫瘤屬於「第二型類表皮生長因子陽性」(簡稱 HER-2 陽性)，此類患者惡化速度快、復發率高、治療反應率差。賀癌平 (Herceptin)，是針對 Her 2 陽性患者開發的單抗藥物，於 2007 年被衛生署核准自費使用，使整體存活率提高 34%，劑量依照患者體重而定，每人每年費用約 70~80 萬元。

而在檢驗方面，Her 2 單株抗體也被廣泛使用於篩檢上，但偵測方法有二種，一為 IHC，一為 FISH，IHC 是免疫化學染色法，以染色的方法觀察細胞中有多少高表現的 Her 2 表面抗原，精確度較差，但健保有給付；FISH 為螢光原位雜交法，可定量，較精確，但檢測時間長，目前無健保給付。

要做為有市場價值的生物標記，其特異性 (Specificity) 至少要達 85% 以上。

常常看到媒體報導某大學發現某新的癌症標記，好像一下子就可以賣錢了，No No，還早得很呢！

大部分的癌症標記都無法商業化，因為特異性不夠強，無法正確分辨正常細胞與癌細胞，醫學診斷須要更高的準確性，讓醫師可以做出正確的辨別，所以生物標記也須要幾千個病人檢體的臨床試驗，才能上市。

經驗得之，如果一個生物標記在研究室裡的特異性低於 80%，是較難有商業價值的，投資時可做初步判斷，當然 case by case，還要看目標市場而定。

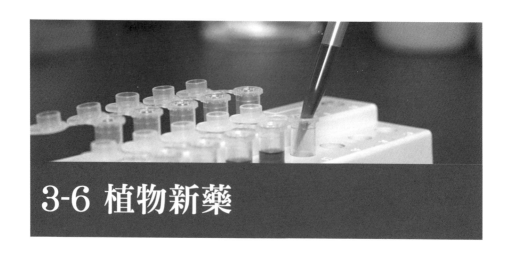

3-6 植物新藥

　　中草藥是我們祖先四千年來的智慧結晶，台灣上至大學、研發單位，下至臨床醫院、民間公司，都對植物藥的基源鑑定、藥理研究、臨床研究、藥物開發投入許多人力和資金，台灣在中草藥或植物藥方面的研發紮根深厚。但是植物藥成分複雜，藥材規格因產地與氣候的差異，使有效成份含量不易掌握，加上療效不明顯或過度分散，在設計臨床治療指標（end point）時比西藥困難，至今全球只有少數植物新藥被核准上市。

　　但在另一方面，因為消費者對傳統草藥或真菌菇類（如靈芝）的消費習慣，即使未有臨床療效證明，也有基本消費群；因此只要原料被認定為食品，對健康無害，且遵照安全製造規範 GMP 生產，仍是值得開發的廣大市場；只是保健食品進入門檻低，以品牌和通路為決勝點，產品毛利高，但通路行銷支出大，公司淨獲利則不見得好看，投資者要學會分辨之。

　　早期台灣中草藥註冊公司約有 100 多家, 台灣市場小, 藥材多仰賴中國進口, 保健食品又高度競爭, 廠商如何創造競爭優勢, 打入國際市場?

　　拜政府嚴格管理之賜, 台灣廠商在中藥品質管控上具有優勢, 但缺少資金和內需市場進行美國 FDA 或台灣 TFDA 標準的植物新藥開發, 除了科學中草藥之外, 建議台灣廠商可以朝 "植物藥原料供應者" 定位, 提供全球保健食品及草藥 (herb medicine) 具 GMP 生產品質的原料, 模仿銀杏、葉黃素…等等西方暢銷保健食品原料的成功模式, 鎖定幾個特殊草藥的原料供應, 建立 "關鍵原料" 供應者的角色, 而把耗資耗時的植物新藥開發, 或須要龐大行銷費用的角色, 留給有資金有市場的國際性公司執行。發酵性的菇菌類無須仰賴進口, 且容易控制生產品質, 是台灣可鑽研的方向。

　　而 "選藥" (療效的特異性／indication)、"原料的取得性" 和 "原料專一性" 則是這商機成功與否的關鍵, 這部分須要台灣研究界和產業界的合作和努力！

植物藥、植物新藥的定義

植物藥是指具有治療或預防效果，由藥用植物、藻類、真菌（如菇類）衍生而來的藥品，包括東方的中草藥、西方的民間藥草，以及大家耳熟能詳的紅麴、牛樟芝、桑黃…之類的真菌代謝物。

植物藥通常療效來自於複方成份；如果材料來自於植物，但最後是以其中單一成份做藥，且加入人工化學改良的話，就不屬於植物藥，例如知名癌藥中的 Irinotecan 來自於中國喜樹 (camptotheca)，但經化學改造，衍生出更多的治癌成份，並以人工合成，因此我們已不叫它為植物藥，而是小分子化學藥。

號稱台灣國寶的**牛樟芝**，若以菌絲體發酵做藥，且臨床證實有效的話，則可稱為植物藥，但若純化其中的某單一成份進行臨床試驗的話，則歸屬於小分子藥，走西藥臨床法規，反而比植物藥容易開發。

植物新藥
依 FDA 規範, 係指 "從植物萃取之混合成分, 經過科學驗證, 證實具有療效, 並取得主管機關核可, 可以做為處方或非處方藥者", 因此植物新藥可以是單方或複方藥材, 其餘有效性、安全性, 以及每批次生產的均一性 (consistence) 都和西藥規範類似。

投資者不須要在定義上花太多時間，**植物藥開發的瓶頸不在於定義和歸屬，而在於 "資金有限、法規要求不易達成、市場被保健品刮分" 的問題**。

植物新藥開發的困境

　　一般新藥開發到藥品核可上市大概須要 10-15 年，約數億美金的資金投入，對於傳統使用百年千年，安全無虞的中草藥或歐美草藥，雖然有些配方可以直接進行臨床二期，甚至第三期人體試驗，但因植物藥成分複雜，產品規格因藥材生產季節或生產地點不同，有效成分含量不易掌握，是不易通過 FDA 審核的瓶頸之一。

植物藥批次生產不易維持均一性

　　傳統中醫把身體看成一個系統，認為先解決系統性問題，個別病症自然獲得解決，而西醫乃頭痛醫頭，腳痛醫腳，以先解決立即性問題為主；雙方各有道理，但在用藥方面，中藥未進行藥源管控，未有品管、質管觀念，每批藥的有效性無法有效掌控，則是中藥在西方市場不易拿到藥證的主要關卡。

　　而有效性無法掌控又和植物藥的成份複雜有關，舉例來說，某地採集的桑黃，其抗癌有效成份 A，B，C 的濃度呈現某種型式，於是拿這個成份比例進行臨床實驗，初步在少數人身上證實有效；隔年因種種原因換成另一省份採取的桑黃，A，B，C 的比例完全變樣，到底有無療效真的沒人知道，只好再做臨床試驗，或提出穩定有效成份的解決方法；FDA 規定要三批藥源確效才能核發藥證，所以植物藥不像化學藥那麼容易掌控的原因在此。

中草藥來源對台灣是個問題

　　中國是中草藥種植大國，也是中草藥最大消費市場；對某些量少價高的珍貴的藥材，買家須有取得成本變動大的心理準備。

中國廣大地區和台灣同緯度，台灣開發的草藥原料很容易被取代；而台灣中草藥業者進口中國草藥，做完成品後再回攻中國也未有市場優勢，因為中國本身即有不少科學化管理的中草藥廠商，具在地優勢；所以解決植物藥來源問題、或開發台灣特有原料，並朝療效研發，或品牌進展，才是台灣應走的路線，這對中小企業規模者，是很大的挑戰。

但對發酵性的植物藥而言，因為不須種植，在室內發酵槽即可量產，可免於原料受限的瓶頸。

植物藥不易靠專利保護長期研發的投資

西方的小分子或大分子藥物除了在治療領域 (indication) 可申請專利保護以外，還可以在原創性或製程上申請專利；上市後還可依照情況延長專利保護期，以彌補開發期的資金和時間投入，換句話說，西藥的法規保護性較好，有利研發者。

但植物藥的智財保護性則不如西藥完整，因為植物藥的來源為天然物，療效則傳統已知，植物藥只能做製程專利保護，而製程不過幾種，很難有原創性，不易申請專利。

一家研發百家香，真正獲利者也許是保健食品公司

最不利植物藥開發者的是：若一家公司花很多時間金錢證明某植物藥可治療某疾病，但這植物藥路邊到處都是，或很容易取得，很快地這植物藥的保健食品版就充斥市場，原開發者反而被搶掉商機。

界於藥物與食品之間的原料, 界限模糊, 市場競爭激烈

謹慎 "選擇開發標的" 在任何產業都是重要的成功關鍵, 在製藥這種資本密集又要長期投入的產業, 更應該謹慎選擇標的, 千萬不要把學術論文當成寶貝, 而忽略市場競爭性的衝擊, 尤其在食品和藥品界限不明的原料上, 小心策略錯誤, 失去商機。

靈芝的開發就是一個明顯的例子, 原先最執著進行靈芝藥理開發的公司至今未獲利, 而從事保健品行銷的公司, 依靠強勢的廣告行銷和直銷通路, 反而佔據台灣最大的靈芝市場。

在管理學上, innovator (創新者) 和 imitator (模仿者) 的爭奪戰層出不窮, 通常開發期長、資源投入需求高者, 一般都是模仿者佔上風, 分享給研發界的朋友思考。

台灣植物新藥開發漸有成績

杏輝的肉蓯蓉先後取得中國植物藥藥證及 FDA 核可, 目前已於多國上市；**懷特新藥**取得黃耆在癌症輔助治療的中華民國藥證；生技中心開發的糖尿病傷口癒合新藥已通過美 FDA 醫材上市許可, 並技轉給民間的**合一生技**；**國鼎**由牛樟芝找到新藥成份, 以小分子藥物身份, 通過 FDA 核可, 而其複方產品則以健康食品行銷於市場, 台灣公司在中草藥上的研發不遺餘力！

其中最值得一提的是台灣對中草藥的基源鑑定投入相當長的時間與心血, 逐一建立中草藥品種和藥效之間的關係。

藥材的基原鑑定

市售藥材常有混淆造成藥效不彰或毒害問題,故須進行藥材的基原鑑定。

以往基原鑑定多倚賴資深經驗的藥學專家,依植株形態、性味及鏡檢方式鑑定,然而這種方法對外觀型態相似,或經過加工炮製失去原本性狀的藥材,往往無法精確區分。

現在藥材的鑑定則善用生物科技,利用 DNA 或核醣體 rRNA 基因序列的測定 (分子檢測),可以分辨不同種類的植物或真菌藥材,任何的魚目混珠都無法逃過分子鑑定,分子鑑定可以說是藥材的身份證。

由於被臨床證實有效的植物品種或真菌品種都會建立分子基源鑑定,及其有效成份的分析,如此把中草藥從源頭進行科學化管理,才能有效發掘老祖先的智慧,並將之發揚到全球!

多方策略應用,植物原料可以關鍵性原料、保健食品和藥物多重身份上市

杏輝的肉蓯蓉是個植物藥開發的成功案例,雖然耗時甚久,非一般公司所能承擔,但杏輝的案例可以提供台灣植物藥發展的參考。

管花肉蓯蓉是一種不常見的植物 (具原料稀少性優勢),**杏輝**花十五年的時間才開發成功。杏輝在新疆取地,建立 GAP 有機種植、生物指紋鑑定、GMP 有效成份提取 (台灣廠商對品管與品質的承諾),並經過人體臨床實驗,使用於治療 "血管性痴呆症" (unmet market),並取得中國第一張植物藥證 (於接受性較高的國家進行臨床實驗);在台灣,**杏輝**順應台灣市場,改變策略,把肉蓯蓉以保健食品方式行銷 (跳脫法規框架),而肉蓯蓉原料部分則和傳銷公司合作,外銷至日本、澳門和新加坡等地 (用於預防老人痴呆症的關鍵性保健原料)。

 註:unmet market
為 "未被滿足的市場",是指現行治療方法尚無法提供良好解決方案的病症,例如老年痴呆症。

誠然肉蓯蓉的成功也是花費多年的心血才逐步實現，資金不足的公司不易達成，但大家可以思考開發過程中可以加速或產生商機的提案，協助台灣廠商突破瓶頸。

全球植物藥產業概況

歐洲擁有全球最大的草藥市場，歐洲草藥定位在營養補充 (food supplement)上，市場 65 億美元，美國也有 20 幾億美元，銀杏 (gingko biloba)、金絲桃素 (St. John's wort)、紫錐花 (Echinacea)、鋸棕櫚 (Saw palmetto)、蘆薈 (Aloe)、Prunus Africanus 、奶薊草 (Milk Thistle)、纈草 (Valerian) 為排行前八大的草藥。

亞洲以中國的中藥市場最大，約 79 億美元，日本漢方市場約 10 億美金，台灣中藥製劑市場約 1.2 億美元。

台灣中草藥市場

台灣中藥產值約 106 億台幣，其中傳統中藥佔 28.2%，科學中藥佔 71.5%，餘為西藥劑型。

2005 年台灣中藥全面實施 GMP 生產，目前台灣中藥家約 100 多家，核發藥證超逾 22,000 張，但受健保大餅限制，近年台灣中藥營業額已下降到 50 億台幣。

廠家以生產科學中藥為主，**如科達、順天堂**…等等，均已建立極科學化和符合西方的製藥管理，未來應朝國際市場前進！

改變思維，台灣廠商仍有利機

　　歐洲雖然是西藥的主要生產國，但對中藥的使用並不排斥，問題是來自中國的中藥原料重金屬、微生物及其他有害物質含量過高，品質良莠不齊；而**台灣中草藥藥廠在衛生署 GMP 和 PIC/S（國際GMP 稽查組織）管理下，可以提供有品質的科學中藥原料或成品，則是台灣進入國際市場的利機。**

　　建議台灣廠商可以朝 "科學中藥提供者"，或 "植物藥原料供應者" 定位，提供全球保健食品及草藥 (herb medicine) 具 GMP 品質的原料，鎖定幾個特殊草藥的原料供應，仿效台灣原料藥公司成功模式，建立 "關鍵原料" 供應者的角色，而把耗資耗時的植物新藥開發，或須要龐大行銷費用打產品知名度的角色，留給有資金有市場的公司執行。

　　而 "選藥" 和 "原料專一性" 則是這商機成功與否的關鍵，這部分須要台灣研究界和產業界的合作和努力！

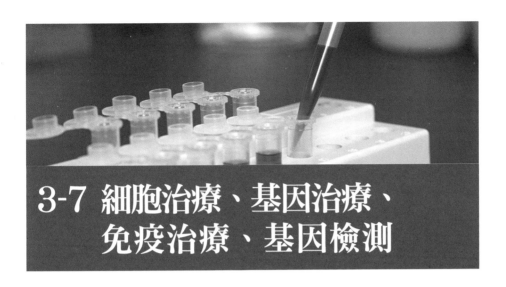

3-7 細胞治療、基因治療、
免疫治療、基因檢測

　　生技醫療的發展除了藥物開發以外，利用細胞原來的特性，加上人工設計，也可以變成有效的治療方式；我們把細胞在體外利用培養基培養一晚，細胞數目就可以倍增，可見只要給它食物，細胞自己就可以 take care of itself，自行複製和執行功能，活像設計精良的小機器人一般；因此科學家只要在細胞上面加上一些人為的功能，就可以把它們變成可以進入人體任何地方，幫忙進行治療的小尖兵，這就是細胞治療！

　　細胞治療主要分為幹細胞再生治療，遺傳性疾病的基因治療，與癌症免疫治療三大類，其中癌症免疫治療為國際重點。

　　以公司獲利角度來講，基因治療因為研究支出高，治療個案數不足，無法獲利。2022 年雖有多項治療費高達數百萬美金的基因治療，號稱一次性治癒，但無法保證對每個病患均有效，故採有療效才付費的給付方式，但因為太貴，未能普及。

　　除了早期的免疫刺激因子, 如 IL-2, 早已普遍之外, 近年 "免疫檢查點分子" 如 anti-PD-1, 更在多種癌症治療上展現高療效低副作的佳績。至於癌症的細胞治療, 如 CAR-T, 更在液體癌上療效高達八成, 而且可維持半年一年以上的長尾效應, 驚豔全球, 目前 CAR-T 往固體癌上努力中。然而細胞治療費用高昂, 病患有限, 競爭者又多, 財務上難以損平, 投資者由股價上回收成本。

　　而談到基因治療, 就順便聊一下基因檢測, 基因檢測如和生命或病人福祉相關者, 則有市場, 只是市場大小能不能支付先前的研究支出而已; 而基因檢測內容若屬於和生命無關的 "好奇性" 檢測, 例如看看有無肥胖基因, 知道後也無藥可解決者, 比較無法吸引消費者, 投資時保守看待。

何謂細胞治療

細胞治療指的是將細胞引入人體組織，以治療疾病的過程；這些細胞可以用病人自己的細胞 (自體細胞)，也可以用別人捐贈的細胞 (異體細胞)。細胞治療可以應用在遺傳性疾病、癌症、免疫性疾病和器官功能的重建上。

而採用的細胞種類包括臍帶血幹細胞、一般組織內的幹細胞、一般體細胞，和一般免疫細胞 (NK Cells)；不同的細胞有不同的功能，並沒有誰好誰壞，只有適不適宜、費用與療效的差別而已。

何謂免疫治療

免疫治療乃細胞治療的一種，使用的是免疫細胞，如 T Cells,NK Cells 或 Dendritic Cells, 大部分用於癌症的治療。

T Cells

T 細胞是體內最精良的殺敵軍團，可對付外來細菌，病毒，以及體內作怪的癌細胞。T 細胞還可分為 Th, Tc, T req, 其中 Tc (Cytotoxic T-cells) 是殺癌最強的軍種，我們一般使用 Tc 來進行改良。Th 是協助角色, T req是調節角色, T req不易被人為控制。

NK Cells天然殺手細胞

NK Cells 是天然殺手細胞 (Nature Killer Cells) 的簡稱, NK Cells 乃人體天然防禦系統的第一道門, 專門抵抗外來的細菌、病毒;所以有人把 NK 細胞抽取出來, 在體外大量複製後, 再打回病人體內, 以加強病人的抵抗力;一般用於癌症治療, 但力道不如樹狀細胞引發的 T-Killer Cells強。

細胞治療形同藥物治療,必須符合 GMP 生產和認證。

Dendritic Cells 樹狀細胞

Dendritic Cells 樹狀細胞, 簡稱 DC, 是人體最強的抗原呈現細胞 (Antigen Presenting Cells), 可以把外來的入侵物 (細胞或病毒) 吞噬之, 並引發 "武功高強" 的細胞毒性 T 淋巴細胞 (Cytotoxic T Lymphocyte, CTL) 的生成, 具有清除癌細胞的功能, 所以常被用來進行癌症的免疫治療。

作法為先抽取病人血液的白血球, 分離出其中的樹狀細胞;將樹狀細胞和 "腫瘤抽出液" (壞人) 或 "癌症抗原" (壞人) 混合培養;目的為增加樹狀細胞的數目, 並教導樹狀細胞 "認識腫瘤抗原", 如此才能把 "壞人" 的照片 "呈現" 給 "武功高強" 的 T 淋巴細胞大軍, T 淋巴細胞才知道要殺哪種壞人而不會傷及無辜。

✏️ T 細胞的癌症免疫治療

人體的免疫細胞,具有清除外來細菌或病毒的能力;而抗原呈現細胞 (APC :Antigen Presenting Cell) ,例如巨噬細胞 (Macrophage) 或樹狀細胞 (Dendritic Cells) ,可以把外來物吞噬分解後,並通知其他免疫細胞,尤其是T 細胞,將外來物清除之,以白話來解釋,即 APC "呈現" 壞人照片給 T 細胞,讓 T 細胞知道壞人容貌,並撲殺之。

樹狀細胞是人體最強的 APC,而 T 毒殺細胞 (Cytotoxic T Cells) 則是人體武功最高強的免疫細胞。

所以在癌症治療上,我們仿照人體原有的機制,把腫瘤組織 (壞人) 取出,在體外和 APC 共同培養,讓 APC 認識壞人,且大量複製 APC,然後打回病人體內,以大量通知 T 細胞,形成殺癌團隊,我們把癌細胞清除的過程,稱之為免疫治療。有些診所以類似觀念,用天然殺手細胞進行癌症的免疫治療。

癌症免疫治療通常使用於合併治療,即在化療或放射線治療後,合併免疫治療,以清除殘留的癌細胞,延長復發時間,但在獨立治療上效果有限。

癌症細胞治療總覽

最近十年, 全球在癌症細胞治療上有很大的進展, 最耳熟能詳的就是 CAR-T 這個名詞, 2017 年高療效和高併購價格, 使 CAR-T 成為全球焦點。而在台灣, 2018 年也因細胞特別管理法的出爐, 走醫療技術法, 讓自體細胞可以在未有 GMP 和療效數據前, 先收費, 再補臨床數據, 讓自體細胞增殖公司大發利市, 並引發後來的爭議。

本節不討論法規, 而就各種免疫細胞在治療上的功能和能力, 做一下科普介紹, 個人如有治療需求, 先有輪廓的了解, 再與醫師討論。

表 3-7 將過往二三十年來, 各種醫療上使用過的免疫細胞, 做一下角色說明。

表 3-7-1 癌症免疫細胞治療總覽

細胞階級	免疫細胞類型	治癌角色
原來的體細胞	NK (Natural Killer Cell) 天然殺手細胞：第一線防衛	平時負責巡防全身，乃體內的第一道防線，面對外來病毒或體內癌細胞有反應，但生活命週期短，而且容易被體內的腫瘤免疫逃脫所騙，而無法有效清除體內癌細胞
	DC (Dendritic Cell) 樹狀細胞：通知其他免疫細胞	乃體內的抗原呈遞細胞，負責把外來抗原訊息傳遞給其他具殺敵能力的 Tc 細胞，或呈現給具防禦能力的 B 細胞，使產生抗體，做好下次被感染時能快速生產出抗體，抵抗外敵。單獨作戰時，對腫瘤殺傷效果不高，主要刺激其他激素和 Tc 細胞的協同殺癌。
	Tc Cell（T cytotoxic cells) T 毒殺細胞：主要殺癌部隊	T 細胞是體內最強的免疫細胞軍團，具記憶性，其中 T cytotoxic cells 為主要殺癌部隊，還有其他不同功能的 T 細胞，互相調節。
已面對過腫瘤的細胞：較能辨識腫瘤	LAK (Lymphokine Activated Killer cell)	由淋巴因子激活的殺手細胞：具有廣譜殺傷作用，使用於非特異性免疫細胞治療，由於臨床效果不明確，較少使用。
	CIK（Cytokine Induced Killer Cell)	由細胞激素誘導的殺手細胞：與 LAK 細胞相比，CIK 細胞增殖更快，殺癌活性更高，殺譜更廣，更常被使用；屬於非特異性免疫細胞治療。
	DC-CIK	把 DC 和 CIK 混合培養，增強殺癌效果。
	CTL (Cytotoxic Lymphocyte)	泛指具殺敵能力的免疫細胞，包括 Tc 和 NK，不同地方在於前者具抗原特異性 (CD8＋ 的 T cells 即為一員)，後者不須抗原即可動。不同細胞殺癌效果和持續性有差。
	TIL（Tumor Infiltrating Lymphocyte)	腫瘤浸潤淋巴細胞：從腫瘤組織中分離出來的淋巴細胞，相比 LAK 和 CIK，TIL 具有更強的腫瘤特異性，但是細胞回輸後在體內活性持續性短，療效欠佳。

續前表：

細胞階級	免疫細胞類型	治癌角色
人工強化的基因工程細胞：加強辨識與殺癌能力	TCR-T（TCR-modified T cell）	T 細胞受體嵌合的 T 細胞（即帶有受體的 T 細胞）：可識別腫瘤抗原，增加抓癌細胞的能力，在靶點選擇上 TCR-T 更廣譜，可惜臨床有效率較 CAR-T 低，因為 CAR-T 利用基因工程塞入更多殺癌武器。
	CAR-T (Chimeric Antigen Receptor T cell)	人工精心設計，結合抗原和 Co-stimulators 的超強長命 T 細胞。不需要抗原呈遞，體內可以長期存活，在復發性淋巴癌上效果佳，固體腫瘤挑戰中，為目前最具有潛力的細胞治療技術。

　　癌細胞大部份是內生性的，也就是由體內多年慢慢生成，我們身體本來就有清除癌細胞的能力，如表 3-7 所列的 "原來的體細胞"，例如天然殺手細胞 NK 或 T 細胞，它們擔任每天清癌角色，而樹狀細胞乃 "照妖鏡"，負責把腫瘤壞人的照片（腫瘤抗原），呈現給其他免疫細胞們，並引發其他免疫因子和免疫激素（武器，手留彈）的產生，大家一起來殺癌。樹狀細胞角色重要，但它本身沒有殺癌能力，實務上，可把切下來的腫瘤，於實驗室與樹狀細胞共同培養，訓練樹狀細胞辨識更多腫瘤抗原。樹狀細胞治療法在 2005 年前後曾受全球注目，但療效不佳，後來才知道 Tc 細胞更有殺癌能力。

　　那麼，即然我們身體有自建的除癌程式，為何後來還會累積成腫瘤呢？主要原因是腫瘤細胞經由不斷的進化，演化出逃脫被免疫系統監控的能力（科普名詞稱為免疫逃脫 immune escape），所以原來的巡邏兵 NK 細胞，或職業殺手 Tc 殺手細胞找不到腫瘤壞人，有看沒有到，而讓腫瘤逐漸坐大到不可收拾的地步。

於是在醫療上要加一些手段來提升細胞 ”長眼睛” 和 ”強化殺癌武器” 的功能，否則找不到癌細胞就是找不到，殺癌能力差就是差。筆者把各式長眼睛 (加強腫瘤抗原) 和 ”強化殺癌武器” (混合細胞因子、淋巴因子、細胞激素) 的細胞療法，歸類在表 3-7 的細胞階級第二類 ”面對過腫瘤的細胞”，也就是參加過模擬作戰的免疫軍團們。其中，CIK 由細胞激素誘導的免疫治療，看起來療效較勝出。

而表 3-7 的前二類細胞階級，因為國外或台灣私下行之有年，自體細胞回輸看來安全，於是台灣特管法特允許先暫時取得藥證上市，為病人救急。特管法將細胞治療當成製藥管理，將細胞的生產製造與醫療院所的臨床使用分開管理，立意不錯，解決過往細胞回輸的良莠不齊現象。

至於 TCR-T 和 CAR-T 則是人工強化的 T 細胞，使用基因工程，TCR-T 增加辨識腫瘤抗原的受體，可以抓更多的癌細胞，然後消滅之。之前應用於固體癌較多，但常有脫靶效應，而有副作用。另外因為 ”抓力” 不足，療效普普，然而還是很多大藥廠併購相關技術。(註：TCR 為 T-cell receptor)

而 CAR-T 則是加強再加強的超級英雄 T。

CAR-T 療效佳全球注目

CAR-T 是嵌合抗原受體 (chimeric antigen receptor, CAR) T 細胞的簡稱，有聽沒有懂，沒關係，就是利用基因工程技術，把 T 細胞變得有”長眼睛”，可以抓更多癌細胞，而本身又更強壯更長命的技術。

2017 年的 CAR-T 在液體癌上，使用 CD19, CD20 等等腫瘤抗原，展現高達八成的療效，而且有長尾效應，這些有記憶的 CAR-T 細胞可以留存體內，隨時巡邏並殺癌，而被稱為活藥物（ living drug)，而當年使用 CAR-T 治療的可愛小女孩，現在已亭亭玉立，恢復健康人生，快樂成長，完全治癒！

CAR-T缺點與解決方案

● 副作用高，須由有經驗的醫療團隊應變：

　　CAR-T 殺力十分強大，劑量過高有時會引發免疫過強，危及生命的風險，不過有藥物可降解，有經驗的醫療團隊可儘量降低風險，也就是說人類對細胞治療不像使用藥物那般有經驗，目前還是須要有細胞治療經驗的醫療團隊進行全面照護。

● 固體癌的脫靶效應和免疫抑制高，尚待科研解決：

　　腫瘤抗原如果專一性不夠，即正常細胞也存在同樣的蛋白質時，CAR-T就會不小心傷及正常組織，這叫 ”脫靶效應”。另外固體癌的特性是腫瘤硬、偏酸性、高壓，CAR-T 打入腫瘤部位不易存活，而且腫瘤微環境裡有 ”倒戈” 的 T 細胞，本來應該打壞人的，反而被癌細胞誘騙成它們家的，以上稱為 ”腫瘤微環境的免疫抑制”，所以脫靶和微環境的複雜，造成 CAR-T 暫時在固體癌上未見佳績，目前許多 CAR-T 公司在固體癌上努力中。

● 製備時間過長、緩不濟及、費用過高、無法普及：

　　由於初被核准的 CAR-T 使用病患自體細胞，取出後須進行基因植入，增殖培養，故從抽血到打回人體，至少也須 1.5~2 個月的時間，這對癌患而言緩不濟及，故 CAR-T 在全球各地建置生產單位，並縮短製備時間，就近服務病患，以與時間賽跑。有些生技公司也自已開發或改良 CAR-T 製程，朝縮短製備與生產成本前進，然而這些微改都不如直接朝 " 異體、現貨" 進行改革。

異體的部份取自健康人的 T 細胞，比病患自體殘弱的 T 細胞辨癌能力佳，生命力強，而且可以在體外先植入基因強化T細胞後，增殖到數量足夠，放在 GMP 廠，等醫院下單後，馬上運送至醫院給病人施打，如此就像藥品一樣可規模生產，現貨供應，解決目前 CAR-T 的瓶頸。

目前免疫排斥性低的 Gamma Delta T 細胞被多家公司使用，例如**武田製藥**，還有台灣的**長聖**、**育世博**等等。有些國際大廠則使用 iPS 幹細胞誘導出來的免疫細胞，包括 T 細胞，NK 細胞，去做成 CAR-T 或 CAR-NK，療效如何再觀察之。

時至 2023 年，CAR-T 開發已進步到第五代了，科學家還在繼續改進中。

基因治療

基因治療大部分使用於有基因缺陷的先天性疾病，通常是利用 " 低毒性病毒"，把人工合成的正常基因帶到病患組織，使病患組織行使正常的功能。

基因治療主要治療的疾病包括纖維性囊腫 (cystic fibrosis)、血友病、肌肉萎縮症 (muscular dystrophy) 及鐮刀式貧血 (sickle cell anemia) 等，這些都是單一基因異常所引起的先天性疾病。有些癌症導因於某些基因的異常或突變，也會使用到基因治療。

基因治療的困難

基因治療的困難在於：

1 不知道肇病基因為何：單一基因異常比較容易解決，多處基因異常，常使研究陷入停滯。

2 不知如何把基因送到特定組織：目前使用特種改良過的病毒，病毒的功能像是 "運輸工具" (vehicle)，但有些病毒運輸量不足，有些則毒性過大，科學界還在調整中。

3 基因可否長期留置在該留的器官或組織內，會不會被踢掉?或跑到不該跑的地方?

4 使用基因治療者多為嬰兒或小孩，人工基因是否會造成長期危險？

由上，讀者可以想見基因治療的病患數並不像一般心血管疾病或癌症普遍，除了單一基因異常研究較透徹以外，其他都還在摸索階段，也就說，基因治療還多屬於醫院研究，即使有生技公司從事此方技術的開發，仍多處於虧損狀態。

基因檢測

如果基因治療太高深，那麼基因檢測呢?

正確的基因檢測絕對是必要的，沒有正確的基因檢測就不可能有好的基因治療，雖然有時檢測出病因卻沒有方法可醫治，一樣令人沮喪，但在找出藥物的研發過程中，一定須要基因檢測工具和試劑；科學研究總要突破困難，否則怎會有後來的市場？ 所以基因檢測有無前途呢?以投資面思考，在這裡教大家一個簡單的判別方法，我們把技術專業留給專家去評估，而從一些 market sense 常識來判斷。

　　我們先把試劑分為二類：一是醫院用試劑；二是由消費者自行決定是否使用的試劑；醫院用的試劑，一定有其檢測必要性，否則無法打入醫院；這類試劑通常由醫生決定是否使用，不管自費或健保給付，一般病人都會聽話消費，因為和生命攸關，所以營收比較有保障。另一種是消費者自行決定的基因檢測，例如探究祖先從哪裡來？小孩有無肥胖基因?……這些和生死存亡較無關係的基因檢測，如果費用須要上萬元的話，一般消費者會再多思考一下。

　　而和生活福祉有關的基因檢測，例如懷孕前期的遺傳基因檢測或許有市場，但由消費者自行決定，這時就要考慮價格和可能的使用人數了。算一下全台灣懷孕人口、年齡層，扣除無力付擔費用者，再乘上每次的檢測費用，就可以算出能否獲利，除非有辦法推至國際市場。所以投資生物科技沒那麼難，有時用常識也可以判斷！

　　但以上的分辨法是以公司容不容易獲利為評估點，很多生技公司的股價來自於技術潛力，而不是獲利能力，而技術潛力的評估就須要專業判斷了！

 如果只要求獲利而不進行研發,那生技製藥界很快就會枯竭,人類也沒有好的藥物或檢測方法可為健康把關,最後受害的還是我們自己！

表 3-7-2　細胞治療與藥物的產業面差別

	藥物	細胞治療
生產面	可大量生產, 先庫存, 使成本下降, 隨時供貨	客製化治療, 難事先製備給未來客戶, 成本高
		一般約28天, Juno 拼 Car T 10天
運輸面	"藥就人"	"人就藥"
	• Ready to use	• 病人須至 CPU或其合作醫院, 再等待細胞製備時間, 除非 CPU 大量成立, 否則限制其市場發展。
	• Easy for shipment	
	• 醫院可先庫存備用	
利潤面	廠商利潤高。	尚無經濟規模, 成本高收費高, 故也限制病患量, 口袋深的業者較能生存。
管理面	各國藥廠與原料藥供應鏈已符合 cGMP, 查廠與管理較容易	CPU 良莠不齊, 各國管理才剛開始, 形同早期藥廠管理時代, 須要時間進化。
創新面	藥物有其限制, 愈來愈難看到亮眼功效, 故往基因層次發展。	即使有 universal cells 構想, 尚須克服排斥性, 及功效性是否被犧牲的問題, 待驗證。

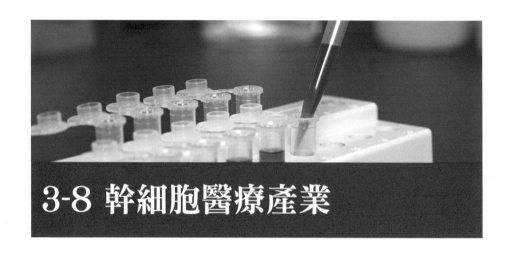

3-8 幹細胞醫療產業

　　台灣對幹細胞的認識大部分集中在臍帶血保存或移植上，大部分人對幹細胞充滿想像，把幹細胞和青春永駐、器官再生劃上等號；其實目前幹細胞主要還是應用於遺傳性疾病、血液性疾病的治療！

　　全球幹細胞市場預估 2027 年可達 230 億美金，從 2009 年至 2021 年至 2027 年預估複合年成率 9.74%，其中美國即佔有全球六成以上的市場，主要集中在骨髓幹細胞移植的相關藥物和技術上，主要玩家為 Osiris Therapeutics, Advanced Cell Technology, STEMCELL Technologies, Cellular Engineering Technologies。被應用最廣的是成人幹細胞；而相關產業除了幹細胞保存以外，更重要的是幹細胞在醫療上的研究、發展與治療。在治療方面，目前應用最廣的是血液性疾病治療（例如血癌）其次為神經細胞的修復（例如改善中風症狀）、心肌細胞修復、血管細胞修復、骨細胞修復、肝細胞修復…等等，這部分被統括在再生醫學領域之中（資料來源：2022 年 Grand View Research）。

　　而論及獲利，目前幹細胞產業獲利最佳的是細胞保存業務，尤其是臍帶血保存，因為幹細胞保存類似保險觀念，業者先收取費用，但可能永遠不須交貨，因為幹細胞被使用的機率極低，比保險業更容易獲利。

幹細胞是所有細胞的源頭

　　幹細胞 (Stem Cells) 是一群尚未完全分化的細胞；幹細胞可以分裂成一個與原先完全相同的細胞，也可以分化成其他不同功能的細胞。

　　"Stem" 是源頭的意思，"幹" 是樹幹的意思，樹的枝枝節節都源自於樹幹；顧名思義，幹細胞指的是所有細胞的源頭。你，我的生命之始，都來自於受精後的胚胎幹細胞，之後這些胚胎幹細胞迅速分裂，變成更多的細胞，也轉化成不同功能的細胞，例如有些分化為心肌、血管、神經細胞；再進一步又分化成肌肉、骨骼，各式各樣的器官，如眼球、內臟……等等。

　　整個人體的幹細胞分成很多層級，就像 "種子訓練班" 或 "直銷老鼠會" 一樣，各種幹細胞在總部 (胚胎時期) 學好技能後，結業成員被指定到不同地點 (各組織器官)，複製出更多業務；所以人體就從一個細胞，衍生成幾十億個不同功能的細胞體。

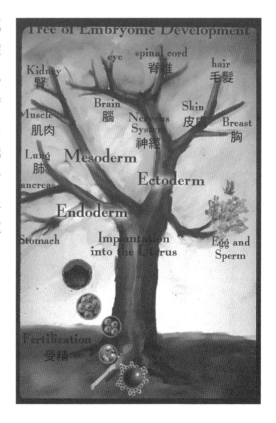

幹細胞存在於每個器官裡，
負責該器官的更新與修補

　　很多人誤會只有臍帶血有幹細胞，所以才要保存臍帶血；這是很錯誤的觀念，每個器官或組織都有幹細胞，只有數量和分化能力的差別而已；臍帶血幹細胞因為比較接近 "源頭"，所以臍帶血幹細胞分化成其他細胞的能力較佳，是不錯的幹細胞來源，但錯過臍帶血保存的人也不用那麼絕望；目前再生醫學上使用的幹細胞，大部分是成人幹細胞，例如中風治療使用的是病人自己的血液幹細胞；使用自體血液無排斥性問題，缺點是數量較少，須要增殖而已。

▌幹細胞的應用

　　幹細胞可以轉化成不同的組織細胞，帶給人們再生醫療的無限想像空間。例如利用骨髓幹細胞衍生成肝細胞，可治療肝硬化、取用毛髮幹細胞可治療禿頭、脂肪幹細胞可除皺、來自血液的幹細胞可轉化成神經細胞，使中風病人再度行走。

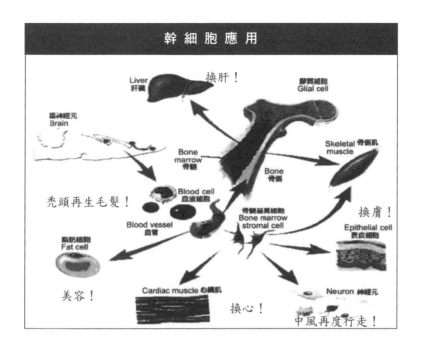

▌幹細胞特性

幹細胞的應用雖有無限可能，但幹細胞也有其限制，若人類技術無法克服，則難以進行器官再生：

● 幹細胞種類繁多，能力各自不同，須逐步探討。

● 幹細胞數量極少，不易從普通細胞中鑑定或分離出來。

● 幹細胞不易增殖，須適合的培養基，否則會長成別種細胞，或導致生長無法控制，有如癌細胞般不按規矩生長。

▌幹細胞種類

幹細胞種類繁多，功能各異，簡單分類如下：

表 3-8-1　幹細胞種類及其商業應用

幹細胞種類	目前科學或臨床研究	目前商業應用
胚胎幹細胞 ● 萬能幹細胞：受精三天內的細胞, 可轉換成 "任何" 體細胞 ● 多能幹細胞：受精超過三天以上的細胞, 能轉換成大部分體細胞	● 期待保有胚胎幹細胞以衍生成各種器官, 但有倫理道德爭議 ● 利用幹細胞研究生命過程 ● 利用幹細胞開發新藥：可惜沒太大進展	提供想像空間, "目前" 無實際治療案例
臍帶血幹細胞 優點：較成人幹細胞 "多能", 可轉化的器官細胞種類較多	神經細胞修復：例如腦性麻痺、中風、脊椎受傷修復	主要應用於血液性及遺傳性疾病, 取代骨髓移植用
成人幹細胞 ● 骨髓幹細胞 ● 周邊血幹細胞 ● 各組織幹細胞 優點 自體細胞可現取現用 缺點 只能轉換成有限的細胞；異體細胞須配對, 須數月等候時間	● 開發各種細胞培養基和生物標記, 以找出藏在不同組織的幹細胞、增加幹細胞數量, 並轉換成各種細胞 ● 神經細胞修復：例如腦性麻痺、中風、脊椎受傷修復 ● 各種組織修復, 例如心肌細胞、斷骨、皮膚、牙齒的修復…	**骨髓幹細胞**：主要應用於癌症輔助治療, 增加化療放療後的免疫力 **周邊血幹細胞**：取代骨髓幹細胞, 進行癌症輔助治療 **脂肪幹細胞**：除皺、豐頰

▌臍帶血幹細胞

● 主要應用於血液性及遺傳性疾病, 取代骨髓移植用。

● 臍帶血幹細胞優點：

- 乃廢物利用，取得容易。

- 臍帶血幹細胞濃度較高。

- 臍帶血幹細胞分化未完全，移植時排斥性較低，配對較容易。

- 較容易轉化成其他細胞。

- 臍帶血幹細胞使用上的缺點：數量不足，須要增生或合併不同嬰兒的臍帶血才能給成人使用，但增生不良可能導致不良後果。

- 貯存風險：保存技術良莠不齊，可能保存的是沒有用或存活率不高的細胞。

- 其他器官修復的應用：尚在動物實驗階段，部分美國公司已進入人體實驗。

▎成人幹細胞

　　臍帶血幹細胞雖然有很多優點，但錯過出生的那一霎那可能就沒機會保存下來自用或捐給別人使用，所以目前醫界應用最廣的還是成人幹細胞；而成人幹細胞又依來源不同，可以使用於不同的治療。

- **骨髓幹細胞**：主要轉化成血球細胞，如負責免疫功能的白血球，特殊條件下可轉化成其他組織細胞，如肌肉細胞，神經細胞等；主用於癌症輔助治療。

- **周邊血幹細胞**：取代骨髓幹細胞，主要使用於癌症輔助治療、中風治療。

- **組織幹細胞**：存在於各組織中，修復更新該組織用，很多臨床進行中。

- **眼球幹細胞**：視覺恢復

- **牙髓幹細胞**：牙周病輔助

- **毛髮幹細胞**：治禿頭

- **脂肪幹細胞**：豐胸、豐頰、除皺

脂肪幹細胞應用於豐胸、除皺、乳癌術後重建

脂肪過多不好，但卻是幹細胞很好的來源。

- 抽脂後的脂肪內含高量幹細胞。

- 幹細胞具 homing (回家) 功能，會自己找到適合的定點"住下來"，可與周圍細胞融合，不像打膠原蛋白可能會有 "走山"、"流失" 的風險；因為幹細胞會自製，因此比膠原蛋白更長久有效。

- 把含著幹細胞的脂肪進行乳房重建，追蹤患者十年，未發現注射的脂肪增加癌症復發的機會 (from 880 cases)。

各國幹細胞研究的發展

- 美國曾是最積極者，但在 FDA 法規下，有些先進的研究因觸犯臨床法規而被停止研究，十分可惜；美國曾發表過案例：

1 意外傷殘的修復：骨幹細胞

2 失明：眼球幹細胞

3 肝臟

4 心臟

● 台灣在腦中風治療上有成功案例，目前在臨床二期實驗中。

● 中國因臨床法規較寬鬆，反而在幹細胞研究上累積不少經驗與病歷；中國多著重在腦部病變的治療，但沒有對照組，令科學界值疑其真正療效。

可投資標的：細胞保存公司、細胞治療公司

細胞保存 (Cell Banking)，不管是幹細胞保存，或是 NK 細胞保存 (治癌用)，都可視為保險事業，利用人們未雨綢繆的心態，先收取費用，但可能永遠不須交貨，故為熱門設立標的。

以血液性疾病而言，會使用到幹細胞移植的機率才二萬分之一，故細胞保存銀行在美國曾一度造成風潮，最早為婦科診所的 "副業"，後來被發現太容易獲利了，於是群起仿效，尤其在加州地區。主要賣點是對臍帶血幹細胞在器官再生上的無窮想像，搭上當時網通股、人類基因解碼股的泡泡風，相關公司股價飛飆，誇張程度曾一度被醫界評擊，部分醫生則加入吹捧；現在回歸實際，**對幹細胞產業的評估還是以有實際療效的公司為主。**

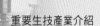

在台灣臍帶血保存公司較知名者有**訊聯、台灣尖端、美商永生**（StemCyte）；訊聯在廣告推廣上不遺餘力，使幹細胞保存被重視；美商永生則在美國、中國和印度均有據點，擁有最多元人種的臍帶血庫，並有詳細的移植記錄。

表 3-8-2　全球臍帶血儲存狀況	
臍血保存中心	保存單位數
USA-NMDP CORD	90,370
USA-New York CORD	51,190
Spain CORD	45,472
Taiwan CORD（1）	24,746
StemCyte-USA	24,118
Australia CORD	22,732
Korea CORD	21,707
Italy CORD	21,187
Duesseldorf CORD	15,073
Taiwan Cord（2）	12,598

全球臍帶血保存記錄，台灣人口才二千萬，臍帶血保存卻有二家公司擠入全球十大排名，台灣可號稱全球細胞保存滲透率最高的國家！

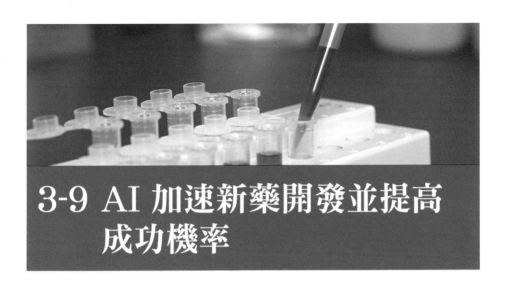

3-9 AI 加速新藥開發並提高成功機率

　　過往大家對新藥開發的印象就是那個從幾萬個分子才篩到一個可進入動物實驗的漏斗圖，強調新藥開發有多困難，多耗時費資的漫長過程，不過隨著 2015 年前後，Nvidia (輝達)，IBM, Microsoft..大量推銷晶片和超級雲端電腦運算後，至 2020 年為止，統計國際前二十大大藥廠的 AI 篩藥建置進度，發現約八成的大廠均已自己聘請 AI 工程師 (註)，可見未來新藥開發的面貌已非舊圖示可代表，所謂的功欲善其事，必先利其器，在新藥開發的時間賽跑上，AI 絕對佔有一席之地！

　　不過電腦輔助篩藥幾十年前就有了，只是目前的基因發展和蛋白質發展，訊息處理量過度龐大，已非早期的軟體或電腦可負荷，所以當輝達的超級晶片和台積電保證供貨後，對新藥開發的速度，也產生更加速的正面影響。但是風潮初期是工具公司在獲利，例如開發晶片的輝達，出租雲端運算的 Microsoft/Azure，提供超級運算的 IBM super computing centers。

註　此資訊為一美國 AI 部落客由各大藥廠的 AI 工程師招募，每月統計下來的資訊，至 2020 年八月後，發現已達八成的落實率後，即停止追蹤。

　　至於 AI 篩藥的軟體公司也不少，這些軟體公司主要把過往冗長的「臨床前藥物開發」和「臨床實驗」，用電腦程式加上資訊管理，能更快速有效地找到化學標的、蛋白質標的、病患標的和疾病標的…等等。尤其在數以千億計的基因，或蛋白質結構組合上，要去對到這些基因或蛋白質到底哪些片段跟疾病之間有因果關係，如此才能找到治病的藥，這又是另一挑戰。而這些複雜的事，由電腦來幫人腦處理，可達事半功倍之效，但是還是要記得，疾病是由人體而生，依然要找到真正的治病機制，對症下藥，才能開發到有療效的藥物，AI 只是協助，錯誤解釋因果，仍然是找不到療效的。

　　補充說明：

● 經由AI協助篩藥，找到候選藥物後，仍要走細胞實驗，動物實驗，最後從人體臨床實驗一二三期驗證療效。

● 單純從事電腦篩藥的公司，稱為 Dry lab (不須要水的實驗室)，提供細胞實驗或動物實驗的公司叫 Wet lab。

● 機器學習 (machine learning ML) 是灌資料給電腦，教它分辨或整理資訊的過程，給錯誤的資訊，走錯誤的邏輯路徑，最後會導致錯誤的結果。故教機器學習的專家，還是要懂醫藥知識，才能發揮有效的療效促進。例如：台灣陽明大學與交通大學的結合，提供此方的醫學人才訓練，值得讚賞。

AI人工智慧 在新藥開發上的協助：	舉例說明
Faster drug development	Target identification：使臨床前，找lead compounds 的時間更快，曾有公司號稱可使臨床前找藥時間由 2~3 年縮為 4~6 個月
More effective drugs	例：利用藥理特性，由機器學習，未來找到更多低毒性，高療效的候選藥物，或用 AI 模擬 3D 空間結合 (binding)，找到適合的分子結構，提高藥物與受體的親合力，提高藥效，降低副作用。
Better clinical trial design (較佳的臨床實驗設計)： 1. Patient recruitment （病人招募方面）	例：經由電子醫療資料庫篩選到最符合臨床試驗條件的病患，或排除不適合的病患，以提高臨床成功機率，或縮短病人招募時間。
2. Trial Design （臨床設計）	例：由資料庫或已公開的臨床論文找到較佳的臨床設計、病患數或是分群實驗 (subgrouping)，以增加成功機率
3. Real-time monitoring （即時監控）	例：使用穿戴式設備，即時觀察病人狀況、生理指數、用藥狀況，使臨床實驗順利執行不漏網。
4. Data analysis	例：AI可協助處理大量高量的病患數據，如基因變化，節省數據分析時間。
Prediction of drugs' bioactivity	例：經由機器學習，根據藥物化學結構，建立藥物生物活性預測，於電腦模擬階段即可去除生物活性差的藥物，提高藥物開發效率

續前表：

AI人工智慧 在新藥開發上的協助:	舉例說明
AI in quality assurance (品保)	例：使用AI可自動導入藥物查檢的內容與項目,增加查廠過關率,或預測藥物保存條件與保存期,減少實際實驗時的錯誤重來風險。
Drug repurposing (藥物重新定位)	例：分析大量的臨床數據或藥理數據,幫藥物找到新出口或新適應症。
Drug combination analysis	例：將不同治病機制的藥物,進行分析組合,找到 1+1>2 的療效,或找到二藥的搭配劑量。另外,AI 處理複雜資訊的能力,可以做為個人化醫療的藥物建議,例如有 ABC 基因缺失者,可使用 X 藥, CD 缺失者,宜用 Y 藥等等,醫師只要上資料庫一找,馬上有許多臨床上的資訊可對症下藥,減輕醫師負擔。
Real-World Evidence (真實世界事證)	AI 可大量搜尋網路或付費資料庫,找到真實世界事證,擴大醫護人員知識與視野,提供病患更佳的治療方案,不用像傳統,要憑醫師個人經驗。
Post-market safety monitoring (上市後安全性監控)	如上, AI 可大量搜尋網路或醫院呈報的藥物安全事件,做到較有效率的藥物安全監控。

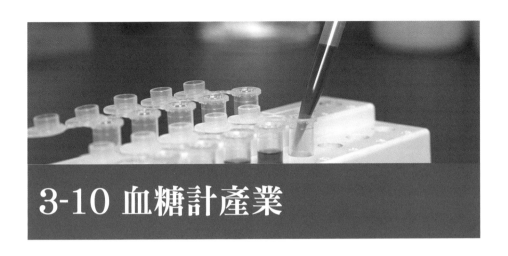

3-10 血糖計產業

　　血糖計屬於電子醫材的一種, 但是血糖計和其他電子醫材, 如血壓計、血氧計最大不同點在於量測血糖須要使用到血糖試片, 而血糖試片是耗材; 耗材是個持續不斷, 只要守穩客戶的穩定獲利, 而其他醫材, 除拋棄式隱型眼鏡以外, 大部份是一次性消費的 "半永久財", 市場開關到某種程度很快就飽和; 所以支持台灣醫療器材 OEM 最大的族群是血糖計產業, 知名公司有五鼎、華廣、泰博、訊映…, 還有多家未上市櫃者。

血糖計是監控血糖的最大利器

血糖計用來監控（monitor）血液中的血糖濃度，健康人其血液中的葡萄糖濃度維持在某個正常範圍內，飯後增加，但過一段時間後減少，表示提供細胞能源的葡萄糖有進入細胞內供人體使用；血糖長期過高表示葡萄糖沒有進入細胞內，細胞無法獲得能源而壞死，所以久病的糖尿病患會有末稍血管壞死，面臨截肢的困境。

另外使用血糖控制藥劑可能導致血糖過低，或受到重大創傷而血糖突降，也都會產生生命危險，所以監控血糖不僅是糖尿病患每天必行的功課，更是急診室不可或缺的生理監控一環。

血糖測試有三種方法：

1 第一種是研究室使用的高級儀器，精準度最高，但病患的血糖監控不須要用到這麼精密的儀器；

2 第二種是醫院使用的生化儀器，先離心去血球後再進行檢測；

3 第三種是最方便使用的攜帶型居家用血糖計。

使用全血測量和醫院生化儀量測血清內的葡萄糖會有一段誤差，通常機子會先經校正，儘量使量測數字能和生化儀接近，以提供病患或醫護人員參考；當然居家型的血糖計精準度不如生化儀，不過有些廠牌已做到儘量接近的程度。

血糖試紙才是血糖計公司的主要獲利來源

　　根據美國的市場調查，平均一台血糖計的使用者，每週平均約測試 3-5 次，當然重度者可能一天測三次，輕度者可能一週才監測一次，所以保守估計一台血糖計每年消耗約 150 片檢測試紙，約二千元台幣，也就是說一台千元血糖計搭配二千元試片，簡單一算，就可知道每賣出一台血糖計，就會帶來每年二千元以上的耗材收入，**血糖計主要靠試紙耗材獲利**。

　　為搶奪市場，血糖機子甚至可以免費贈送；血糖機子製造障礙不高，甚至已如白牌手機，有專人提供從設計到出廠的各種服務。

　　機子本身的適用性、實用性、客戶接受性故然重要，但不同品牌差距不大，血糖計在歐美國已是成熟市場，品牌知名度是消費者選購的考量之一。

糖尿病患人口隨人口老化大量增加，而亞洲是兵家新戰區！

　　糖尿病是一種人體醣類的能量轉換出現異常的疾病。糖尿病可分成：

● 第 1 型糖尿病

● 第 2 型糖尿病

● 妊娠型糖尿病

● 其他類型的糖尿病

　　第 1 型糖尿病佔總糖尿病人口的 5% 左右，通常發生於童年或青少年時期。第1型糖尿病患身體免疫系統破壞到胰臟的 beta 細胞，無法正常分泌胰島素，故血糖失調；1 型病患須打胰島素控制血糖，也是血糖計的忠實使用者。

　　第 2 型糖尿病佔所有糖尿病病例的 90 至 95%，通常在 40 歲以後發病，病患身體雖然能夠製造胰島素，但分泌量不夠，或是無法被身體善加利用，屬於老化性疾病，常伴隨心血管疾病，可能是飲食過度精緻引起。

　　第 2 型糖尿病患是血糖計的主要使用者，隨著全球人口老化，糖尿病患有增無減，加上中國經濟起飛，慢性病案例大增，龐大人口也開始進入老化期，都再再使血糖計市場蓬勃發展，欲小不易。

　　預估未來 30 年糖尿病患密度最高的地區來自於亞洲 (圖3-8)，每百萬人口中有 190.5 人將罹患糖尿病，三十年成長率 130%，而糖尿病成長率最高的地區會來自於中東與北非區域，三十年成長率 162%。

　　故亞洲是現今糖尿病藥物與檢測廠商的新戰區！

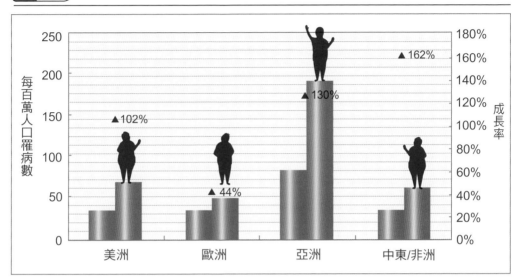

圖 3-8 全球各洲糖尿病病患密度 (單位：每百萬人口) 及成長率

✚ 資料來源：WHO & 生物技術開發中心

血糖計全球市場 93 億美金

▌市場趨勢

　　全球市場約 93 億美元，年成長率約12%，其他醫材成長率僅 5
-7%。歐美是血糖計主要市場，佔比 78%，亞洲約 11%；但是光中
國和印度的糖尿病患人口即佔全球的 35%，可見中印二國尚有很大
的市場成長空間，也成為兵家必爭之地 (資料來源：Data bridge)。

▌產品趨勢

手指採血式血糖計仍為主流，但隨著科技進步，市場上出現許多無痛的連續血糖計，如 dexcom g7 已通過 FDA 認證。而 AI 與智慧型手機加入血糖的監控，技術，APP 及普及性都大幅改寫血糖計市場，也造成台灣傳統血糖業者業績疲弱。

▌廠商趨勢

全球血糖機主要掌控在四大廠商之手，**羅氏、嬌生、拜耳**及**亞培**，其中尤以嬌生 (Johnson& Johnson) 和羅氏 (Roche) 競爭最激烈，各擁有 30% 以上市佔率，前四大廠牌合計市佔率 80%，其他品牌只能分享另外 20% 的市場；然因血糖計市場龐大，各國的市場滲透度又有不同層次上的差距，每家廠牌仍各有生存空間。

中國乃目前血糖計的一級戰區

中國有 1.4 億人罹患糖尿病，但根據 2020 年統計，僅有20%的患者擁有血糖計，而歐美國家這個比率高達 90% 以上。正因如此巨大的市場空間，使得全球一級血糖計公司在中國展開暗戰不斷。

嬌生和羅氏的血糖計大戰從歐美、亞洲打到中國，在中國仍獨霸一方，但中國**北京怡成**和**長沙三諾**挾本土優勢，市場占有率約 35%，國際品牌這一仗打來辛苦！

量測準確度是未來趨勢

　　血糖不穩定可能會導致長期的生命風險，血糖量測的結果是醫生開處方的參考依據；醫生參考的是醫院生化儀量測出來的數據，病患在家則使用居家用血糖計監控血糖；居家用的小機子當然不可能和醫院的生化儀比較，以香港消委會的報告，當地的居家用血糖儀與實驗室儀器比較，誤差竟高達 26~47% 不等，遠大於美國糖尿病協會標準的 15%；台灣廠商出廠的誤差值一般落在歐美要求的誤差範圍內，頗有競爭力。

台灣廠商以代工為主, 自有品牌經營不易

　　由於血糖計已是成熟產品，又被前四大歐美品牌佔據大部分的市場，台灣廠商即使想打自有品牌也要花費很大的決心和資金，然而正因為糖尿病人口持續增加，且新案例病患大部分來自中國，台灣廠商也努力爭取機會。

　　台灣血糖計代工龍頭以**五鼎**為首，其所生產的血糖計已取得中國、美國 FDA 上市許可。**五鼎**主要為大廠 Medicare 代工，獲利穩定，但因上市太久，失去新鮮感，股價疲乏。

　　泰博早期以代工為主，後開發自有品牌 FORA,近年因疫情受惠，但未來發展須觀察旗下 CGM 的研發進度。**訊映**成本管控得宜，近年布局北非、巴西市場，營收逐漸回穩。

　　台灣血糖計試紙主要以較低價的碳版印刷為主，精確度有限，但暫有市場；**華廣**以貴重金屬做為檢測原料，準確度超越羅氏，而與嬌生同等級，故受 GE Health 的青睞，二家公司合作開闢美國市場。

第 **4** 篇

新藥開發公司的價值判斷
和獲利模式

　　生技製藥產業價值高低的決定原則具有一貫的邏輯,簡單來講,就是進入障礙愈高,表示競爭者愈少;分食市場者少,價值當然也愈高。

　　不同價值的公司,會反應在本益比的高低上。因此學名藥公司本益比低,新藥開發公司本益比高。

　　4-1, 4-2, 4-3章分別以簡單圖表將小分子、大分子和單株抗體公司的價值排列出來,讀者可以很清楚地了解其間的價值差異。

　　但是還沒有營收的新藥公司又怎麼評估價值呢? 4-4 章將介紹幾個國際較常用的價值評估法,讓讀者有些概念。

　　而已取得授權金收入的新藥公司又如何推測下階段的進帳時間呢? 4-5 章有清楚的表明。

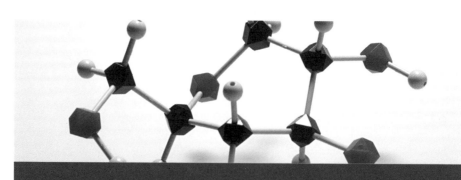

4-1 小分子藥物的價值鏈

　　小分子藥物開發歷史已超過 180 年, 產業成熟, 所以小分子藥物的價值鏈當中, 以開發全新新藥的難度最高, 價值與風險也相對最高, 其他如老藥新用途或新衍生物的開發都有其風光過的時代。

　　圖 4-1 為小分子藥物不同開發模式的價值高低；進入障礙愈高, 表示競爭者愈少, 價值也愈高。

圖 4-1　小分子藥物價值鏈

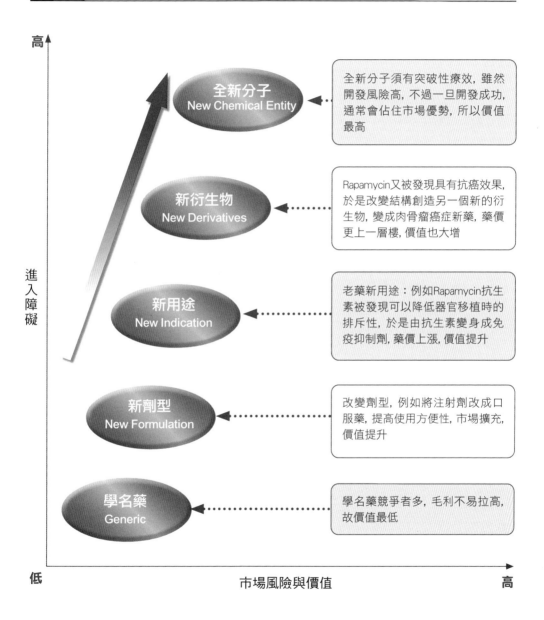

高

進入障礙

全新分子
New Chemical Entity

全新分子須有突破性療效, 雖然開發風險高, 不過一旦開發成功, 通常會佔住市場優勢, 所以價值最高

新衍生物
New Derivatives

Rapamycin又被發現具有抗癌效果, 於是改變結構創造另一個新的衍生物, 變成肉骨瘤癌症新藥, 藥價更上一層樓, 價值也大增

新用途
New Indication

老藥新用途：例如Rapamycin抗生素被發現可以降低器官移植時的排斥性, 於是由抗生素變身成免疫抑制劑, 藥價上漲, 價值提升

新劑型
New Formulation

改變劑型, 例如將注射劑改成口服藥, 提高使用方便性, 市場擴充, 價值提升

學名藥
Generic

學名藥競爭者多, 毛利不易拉高, 故價值最低

低　　　　市場風險與價值　　　　高

● **學名藥**（Generic Drug）：

以小分子藥物而言，排在價值鏈最下端的是學名藥廠，因為學名藥廠照表抄課，生產法規管理下的藥物，沒太多的研發和創新，競爭者多，藥物容易被殺價，毛利不易提升，所以價值最低。

● **新劑型改良**（New formulation）：

新劑型改良的價值在於把原來比較不方便使用，或成本較高的劑型，改成更方便、更節省整個醫療資源的使用方式，例如，把原來的注射劑改為口服型式，所以病患不用到醫院找醫生打針，而直接帶藥回家按時服用，節省許多的醫療成本。

由於注射劑型的藥物改成口服時，要通過胃酸和消化道才能到達血液，此間須要化學、生化學、藥物動力學及分佈學的技術和經驗，並不是一般藥廠即可開發出來，故價值高於學名藥公司。

● **老藥新用途**（New Indication）：

把原來使用於低層次病症的低價藥，透過研究，治療更高階的疾病，於是提升了藥物的價值。此間須要投資深入的科學研究，也要完整的臨床實驗，和新藥開發差不多，只差在我們對老藥的安全性有較多的掌握度，所以 "老藥新用途" 也曾經是熱門的藥物開發策略。

例如 Rapamycin 原來只是個抗生素，用在降低細菌感染，後來被發現它有抑制人體免疫反應的情形，轉而變成免疫抑制劑，做為器官移植時減少排斥的用藥上，因為須要臨床證明，且生產規格也比抗生素要求高，在藥價大幅提升下，價值也跟著上升。

● **新衍生物（New Derivatives）：**

新衍生物則是將原藥物進行化學上的改良，使治療其他病症。新衍生物被視為全新的化學分子，所以要重做人體安全性，但因為有舊分子可為參考，比摸索一個全新分子的風險小些，也一度被藥界視為不錯的開發策略。

接續上段 Rapamycin 的例子，美國 Ariad 公司將 Rapamycin 進行化學結構改良，衍生成另一分子 Ridaforolimus，並針對肉骨瘤進行人體臨床安全性和有效性實驗，證明此衍生物具有抗癌效果，並於 2011 年上市。Ridaforolimus 也可應用於乳癌及其他固體癌的治療上，Ariad 公司靠此藥在尚未有營收的狀況下，2011 年的公司市值就高達美金 15 億 (US$1.52B)，並於 2017 年被武田藥品以 52 億美元收購。

● **全新化學分子**（New Chemical Entity）

藥物開發當然最難的就是無中生有的新藥分子，無歷史資料可尋，安全性、藥物特性、有效性⋯全部都要重新摸索。但大家想像全新的藥物分子可能會有革命性的藥效突破，所以市場價值被排在整個產業鏈的最頂端，同樣地，風險也是最高等級。

藥物開發策略

藥物開發策略沒有單一答案，要視各國家或各公司的資源和競爭力而定；資源包括資金、人才、技術和國際人脈；根據本身的資源，選擇自己最有利的開發方式，就是最佳策略。

台灣新藥公司大部份為中小企業，資本額小於 20 億，與國際大廠相比資源不足。但是台灣發展出自己的成功之道，近十年台灣新藥國際授權成功案例中，**合一生技**為全新藥物，**智擎、國邑**，屬於小兵立大功的改良新藥公司。**漢達**則是集困難學名藥和劑型改良於一身的公司。而**藥華藥**和**中裕**則走自己行銷路線。**保瑞**和**美時**在學名藥全球行銷方面，也創造出高獲利成績，所以各自找出自己的核心競爭力，大家都有機會發光發熱！

　　以企業經營來講，老藥新用開發成本較小，至少安全性已有參考資料，風險可掌控一半，萬一臨床成功，藥價可能三級跳，不比新藥開發差，所以在幾年前也是全球製藥界熱門的開發方向！但要對產業和藥品有十分的了解，才能找到好標的，和適合的授權對象。授權對象不見得是大藥廠，而是特殊藥廠或特殊通路商。台灣部份生技公司授權中小型藥廠，因為股本小，EPS 還是很漂亮。劑型改良是風險相對較小的藥物開發方式，適合資源不多的利基型公司，以技術取勝；而國家型計劃至少要成功完成一個原創性的新藥開發才能顯示國家競爭力。

　　國際人脈絕對需要，不管在找人才、技轉、合作開發或藥品在不同國家申請上市和行銷上，有關係良好的國際藥廠夥伴都是事半功倍不可或缺的成功必要因素！

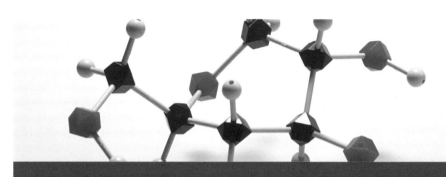

4-2 大分子藥物的價值鏈

　　大分子藥物的價值鏈與小分子類似, 也是以進入障礙程度排序, 所以全新的單株抗體藥物價值最高, 因為全新單抗藥物針對目前無藥可醫的疾病, 如某些癌症、自體免疫性疾病、過敏性疾病開發標靶藥物, 市場需求性強, 安全性佳, 所以價值最高。

　　而分子量數千的胰島素、生長荷爾蒙等蛋白質藥物, 因為生產技術已被熟知, 有較多的生技供應廠可供貨, 毛利不易維持, 故價值最低。

　　介在中間, 專利即將過期的大分子藥物, 即生物仿製藥, 因為大部分為單株抗體, 進入障礙高, 在供應者不多之前, 不致於像化學小分子藥物一般被大砍藥價, 所以價值偏高。

圖 4-2 大分子藥物的價值鏈

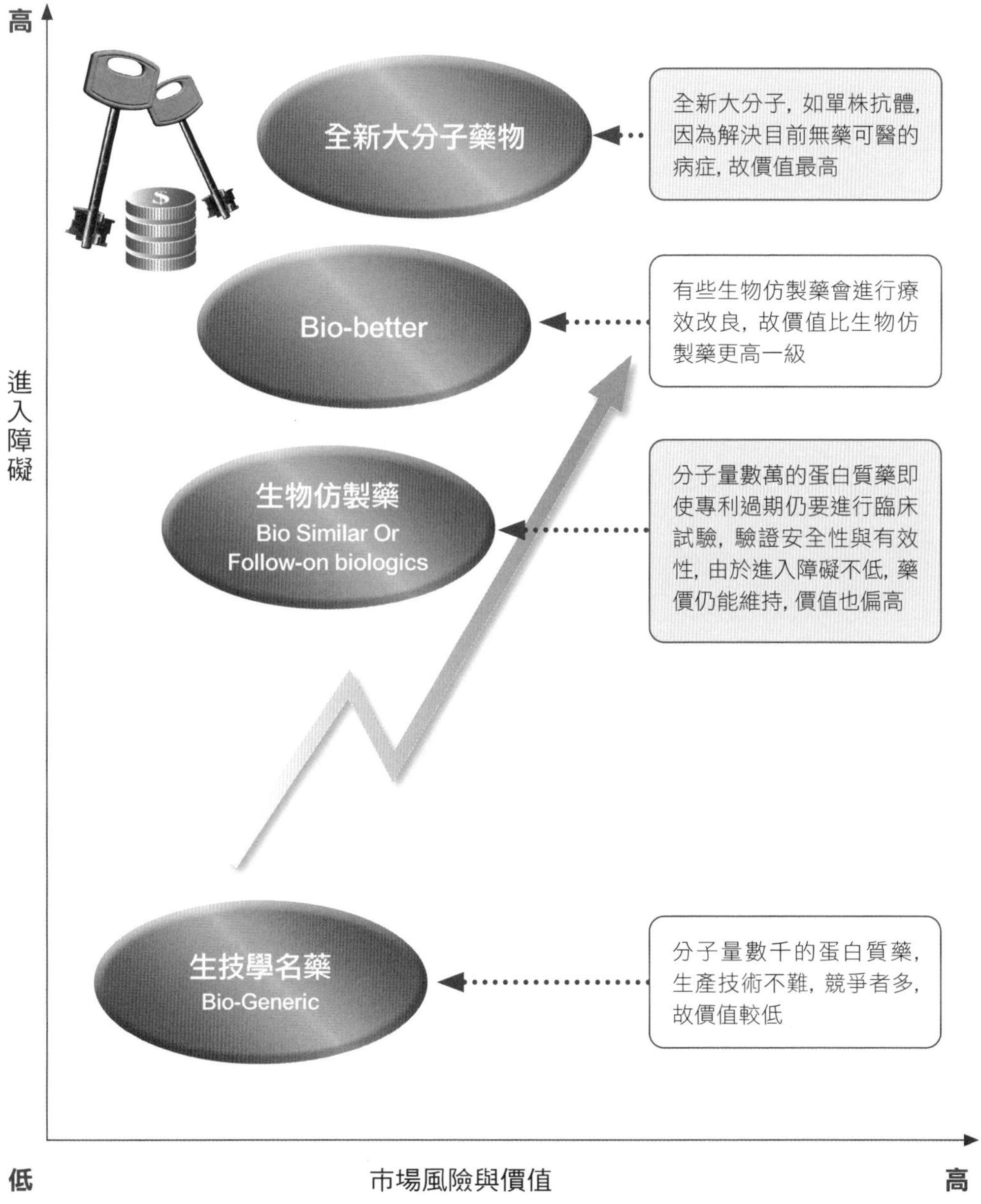

高 ← 進入障礙

全新大分子藥物

全新大分子, 如單株抗體, 因為解決目前無藥可醫的病症, 故價值最高

Bio-better

有些生物仿製藥會進行療效改良, 故價值比生物仿製藥更高一級

生物仿製藥
Bio Similar Or
Follow-on biologics

分子量數萬的蛋白質藥即使專利過期仍要進行臨床試驗, 驗證安全性與有效性, 由於進入障礙不低, 藥價仍能維持, 價值也偏高

生技學名藥
Bio-Generic

分子量數千的蛋白質藥, 生產技術不難, 競爭者多, 故價值較低

低　　　市場風險與價值　　　高

● **生技學名藥 Bio-Generic 排在最底層**

目前分子量不高的大分子藥大概有十種，在歐盟法規管理下，允許有學名藥版。

這些蛋白質藥分子量較低，以低階細菌生產即有療效；很多在1980年代上市，早就過了專利保護期，所以被歐盟核准可以用學名藥方式簡易上市，所以供貨者多。學名藥大廠如 Sandoz、Ratiopharma (2011 年被 Teva 併購)、Lonza 等，均跨入生技學名藥生產，競爭激烈。

● **生物仿製藥（Follow-on Biologics）**

分子比較複雜的蛋白質藥物，例如單株抗體藥物，由於生產過程採取不同細胞株，其後段的醣化過程會影響藥物安全性及有效性，必須以人體臨床數據佐證之才可上市，門檻比生技學名藥高，競爭者有限，**故價值也高於生物學名藥**。

● Bio-better

Bio-better 與生物仿製藥類似，但在有效性上進行改良，比原藥廠的
藥效更佳，第一上市者可享有除原藥廠外，360 天的市場獨佔期（第
2-5 章），故**價值又高於生物仿製藥**。

● **全新大分子藥物**（New Protein Drug）

全新大分子，如單株抗體，因為尋找全新的治病機制，解決目前無藥可
醫的病症，有可能改變現有瓶頸，故**價值最高**。例如目前治療自體免疫
性疾病、癌症和過敏的單抗藥物，有五個已擠身全球排名前十名。

　　台灣近年則往雙效，三效單抗技術開發，雙效模仿者看療效來辨
價值，創新者則看分子設計與臨床進展。

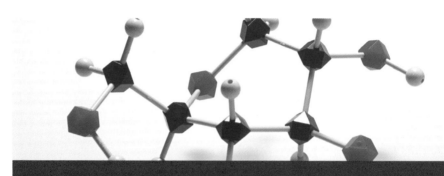

4-3 單株抗體公司價值鏈

　　單株抗體技術不僅可以開發標靶藥物, 也可以做為研究工具, 或病理檢驗用的利器, 於是特別把單株抗體產業獨立抽出, 分析各不同角色公司的價值地位, 讀者請複習 3-4 章和 3-5 章的介紹, 以理解價值鏈的關係。

圖 4-3 單株抗體相關產業價值鏈

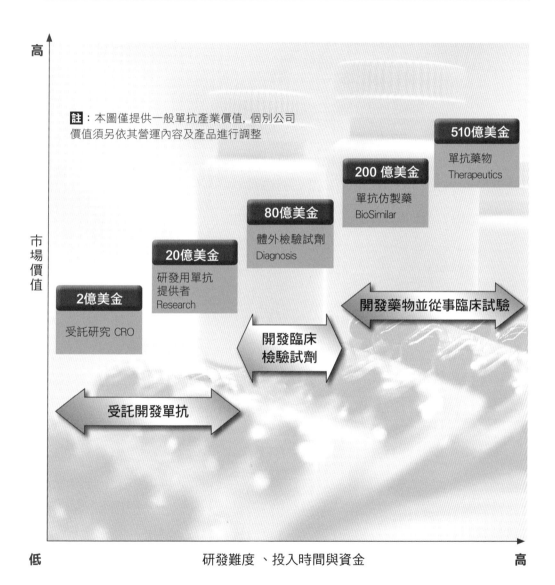

註：本圖僅提供一般單抗產業價值，個別公司價值須另依其營運內容及產品進行調整

高

市場價值

510億美金
單抗藥物
Therapeutics

200 億美金
單抗仿製藥
BioSimilar

80億美金
體外檢驗試劑
Diagnosis

20億美金
研發用單抗
提供者
Research

2億美金
受託研究 CRO

開發藥物並從事臨床試驗

開發臨床檢驗試劑

受託開發單抗

低　　研發難度、投入時間與資金　　**高**

● **單抗研發受託機構 CRO 或 CDMO**

單抗研發受託機構 (Contract Research Organization) 為具有單抗開發平台技術，可以為客戶快速開發單抗藥物者；此類的 CRO 公司只能做前端的技術而無後端發展藥物或開發成檢驗試劑的能力，且不擁有藥物開發權，所以**位於整個價值鏈的最下端**。

台灣醣聯的 CRO 部門屬於這領域；醣聯具有 KM mouse，可以直接生產具人類來源的單株抗體藥物，可幫客戶省去從老鼠來源再轉換成人類來源的時間和金錢，醣聯因而成為一個專職又有特色的 CRO。

註 有些 CRO 公司透過談判，可能取得藥物開發權，則價值升等！

● **單抗試劑公司（Reagent Company）**

Reagent company 為提供單抗試劑給研究單位做研究的工具公司 (tool company)，本身沒有開發藥物或病理檢驗試劑的能力，**故位於價值鏈的下端**。

● **單抗體外檢驗試劑公司（*In-Vitro* Diagnosis - IVD Company）**

體外檢驗試劑必須具有某特定靈敏度和特異性，不可造成過多的偽陽性或偽陰性，害醫生誤判病情，影響病人生命安全與黃金治療時間。

單抗體外檢驗試劑上市必須經過 FDA 查驗，產品必須準備臨床試驗數據，以取得醫生信任；而一旦取得醫院採用，單價遠高於研究用試劑且具健保給付，因此 **IVD company 價值比 reagent company 高**。

● **單抗仿製藥**（Bio- similar）

2016 年之後全球前十大藥物將被單抗藥物佔據。這些重磅藥專利過期後，就成為 bio-similar 的兵家必爭之地，然而粥少僧多，全球競爭者過多，在美國，Bio-similar 成為大廠之間的爭奪之地，台灣的泰福錯失良機，台康的乳癌單抗則已授權 Sandoz 等待藥證後上市。Bio-similar 須要進行臨床三期實驗，所以開發準備期必須在專利到期前十年即準備，才能搶得先機。

● **單抗新藥**

如前所述，2016 年之後全球前十大藥物均被單抗藥物佔據，單抗藥物治病目標明確，又可克服目前治療瓶頸，故**價值最高**。

台醫、醣聯和泉盛都是單抗藥物原始開發者，**泉盛**後被合一併入，以美金 5.3 億授權 Leo Pharma。**台醫**則轉型中。

中裕技轉美國的愛滋單抗藥物，並進行改良，由靜脈注射改成更容易施打的皮下注射，並發展出抗愛滋病的單株抗體疫苗。

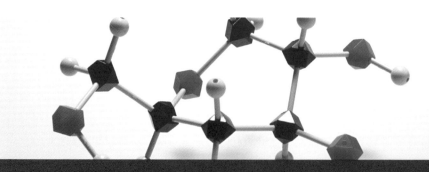

4-4 如何評估新藥公司的價值

　　基本上台灣生技類股偏向於本土市場,真正加入國際製藥鏈者不多;而台灣習慣以電子業評估方式看待生技股,這對真正從事新藥開發,目前還在燒錢階段的業者較吃虧。

　　但是隨著愈來愈多新藥公司取得國外授權金收入,投資者有必要學習以國際觀點評估生技公司,才不會錯失投資良機。

　　本章將介紹新藥公司的價值評估方法,使讀者了解評估與計算過程,如果有機會參與評估時,能知所拿捏。基本上,新藥價值評估全球價有共用的方法,才能進行交易。普遍使用的是 rNPV 法,比較有基礎可循,但較專業,非一般機構有辦法估值。所以會加入相對簡單的同業授權比較法,或同業市值比較法。

* 未有基礎者可直接跳至第 4-5 章的新藥公司獲利方式,會有比較清楚的輪廓。

台灣新藥開發狀況

● 原創性藥物開發

目前台灣原創性的新藥開發主要可分二類：一是由學研界技轉至產業界的藥物，另一種是學研界人才自組公司後開發的藥物；前者以中研院為主，多項技術技轉到產業界，但多在早期研發，由產業界接手進行動物實驗和臨床試驗，開發時程長，風險高，資金續行力、合作模式和開發進展為主要觀察點。

而學研界人才自組的公司募資困難，資源也不如學研界充足，後繼無力者居多，成功案例集中在 "單抗藥物" 上，例如**醣聯**和**台醫**，專注在全新單株抗體藥物的研發，雖然最辛苦，風險也最高，但因具有藥物特異性，在動物階段即取得國外授權金。

● 銜接性藥物開發

台灣產業界因為資金有限，很多藥物進行到 FDA 的臨床一期或二期，即碰到資金來源問題而停擺，美國的狀況也相仿。

有些台灣公司不採全新研發，而採銜接性開發，以接力的方式，技轉已完成某些進展的藥物，往下進行臨床試驗，再技轉給下一個接棒者，以減少資金和時間風險，

例如，**中裕**－執行 Genetech 的二期愛滋單抗藥物，並進行改良，提升藥效。

● 藥物改良公司

藥物改良公司基本上以現有藥物為基礎，利用藥物傳輸技術或化學改良，提升藥物的有效治療率，以增加市場價值；由於現行藥物有資料可查，可省去重新摸索的資金和時間投入，故可降低風險。

台灣藥物改良多集中在微脂體技術，**智擎**與美國 Hermes 公司合作，開發 PEG-Liposome-Irinotecan 癌藥，而**國邑**的肺動脈高壓藥也是微脂體改良的長效劑型，使一天噴四次縮短成一天二次，病患可以好好睡眠，生活品質大幅改善，於是在臨床三期成功以 2.55 億美金授權 Liqudia 公司。

新藥公司價值應與國際公司評比，以國際方法認定價值

台灣新藥研發一開始就鎖定美國市場，所以臨床申請均按美國 FDA 的標準和流程，由於授權對象也是國際公司，所以台灣新藥公司的價值應該以國際方法或和國際同業相比，而不是以國內電子公司的本益比推斷。

新藥公司的價值評估應綜合不同評估方法，但無最適用方法

 淨現值法：
以未來營收，倒算回今年的淨現值，換算成 EPS，再參考同業本益比，算出今年股價。

 同業授權金額評比法：
參考同業類似案例的授權金額，換算為市值；或換算為每股 EPS，再參考同業本益比，算出今年股價。

　　雖然研究所課程教授不少生技公司的評估方法，但在投資界大致採用以下幾種方法；特別要強調的是不管採用哪一種方法都存在著人為偏見和主觀假設，並沒有正確數字；但假設條件的設定愈有公信力則最終的結論數字也會受到大家的認同；一般分析報告都會有推算過程，以取信相關人士。

淨現值法 rNPV

● **方法**：以未來每年營收預估，扣除費用，以某折價率 (discount rate) 倒算成現值；再換算成 EPS，並參考同業本益比，算出今年股價。

● **適用對象**：接近藥品上市者，如臨床二期或三期公司。

● **缺點**：假設數字過多，主觀誤差高。

● **解決方法**：深入了解公司實力，並做好市場競爭力分析，取得對假設數字的共識，即可獲得大多數人認同的股價。

　　由表 4-4-1 的解釋即可看出主觀假設數字過多，評估不易產生共識，尤其在巔峰時期的市佔率估算和達到巔峰市佔率的走法假設。

　　巔峰市佔率有些人估 10%，有些人只估 8%，對幾億美金的藥物而言，差 2% 真的差很多，而達到巔峰市佔率的走法，有人估四年達到 10%，走法是 3%、6%、8%、10%，有些人估三年就達到 10%，走法是6%、8%、10%，差距真的很大。

　　而折現率的估法又是另一個主觀判別，有些人參考統計報告，臨床二期一律 30% 折現，臨床三期一律 10% 折現；有些人根據該藥開發風險，並隨利率調整，可能只有 5%，⋯總之好幾個主觀數字會影響到新藥公司的價值判斷。

　　淨現值法 rNPV 是生技創投評估新藥公司常用方法，筆者曾經以不同的假設數字評估某家生技公司的淨現值，不管怎麼調整假設條件，淨現值都是負數，很明顯地就不是個好投資案。

表 4-4-1　rNPV 淨現值假設數字		
項目	假設數字	說明
潛力市場 Potential Market Size	1百萬罹病人口	由衛生署或各國主管機關可查到病患人口統計數字
高峰市佔率 Peak Sale Market Penetration Rate	10%	和藥物本身競爭力以及藥物行銷公司投入的行銷資源有關
		主觀假設, 想像空間大
預估市場大小 Estimated Market Size	100,000 patients	1,000,000 x 10%=100,000
每療程花費／年	$20,000 per year	可以同類藥品粗估
高峰期每年營收Peak Sales	US$2B	$20,000 x 100,000=US$2B
達到10%市佔率的成長幅度		要達到 10% 高峰市佔率所須要花掉的時間和每年的滲透率假設
		主觀假設, 為影響價值評估的主要因素, 人為誤差大
各項花費		包括臨床實驗支出、管理、研發、銷售等各項花費
		假設數字, 易低估支出
折現率	10%-50%	一般高風險者, 例如 Phase IIa, 因為離藥物上市時程還很長, 風險難料, 折現率高, 可高至 50%, 再高就無投資意義了；而臨床三期折現率也應視風險和成功率調整, 無一定數字
		折現率也會隨利率調整, 若當年借款利率低, 折現率也會隨著調低, 乃資金放在不同投資管道的風險評估概念

同業授權金比價法

● **方法**：找出同類藥品，以該藥品的授權價值，根據藥物競爭力調高或調降之。

● **適用對象**：正好有同類藥品也在近期授權時。

● **缺點**：通常不易找到上述藥品，或找到的樣品數不足。

舉例來說：

中裕是開發愛滋病單株抗體的公司，評估**中裕**時，該藥正處在臨床二期，如何評估**中裕**的價值呢？除了以上述 rNPV 估算法以外，很幸運地正好找到另一個愛滋藥公司在臨床二期時授權給大藥廠，可以做為參考。由網路查到 "2009 年葛萊素藥廠以 4 億美金取得 Idenix 臨床二期的愛滋病小分子藥物"，所以四億美金可以做為**中裕**愛滋藥的參考值，但 Idenix 的愛滋藥是小分子藥，療效高，但副作用也高，**中裕**的愛滋藥是單株抗體，乃標靶藥物，具一定療效，副作用又低，所以價值可再做調整；至於要調高還是降低，這就見人見智了！很多產業實例顯示授權金額的高低與買家的策略佈局有關，例如 2011 年某大藥廠以數億美金取得德州一家尚在動物實驗階段的藥物開發權 (非併購)，令外界嘩然。

　　另外藥物也有 "流行" 和所謂的主流治療法，能取得意見領袖的支持，就有可能進入主流藥物；而換不同藥廠行銷也會決定一個好藥是否能有好市場的命運，所以不確定因素很多，我們只能就現有資訊和經驗儘量估出一個合理數字，能獲各專家和市場認同，就會是個有參考性的數字。

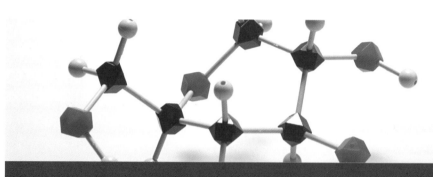

4-5 新藥公司的獲利模式－
　　　隨授權進度投資新藥公司

　　一般新藥公司授權時會先有一筆簽約金收入,類似訂金的意思;
之後隨著臨床試驗進展,可能會有 2-3 次的階段性收入;若產品成功
上市,每年還可以根據營收金額,抽取權利金;所以新藥開發風險雖
高,一旦產品成功,不開張也賺錢!

　　當然新藥開發的過程很辛苦,還好一般投資者可以選擇較明朗化
之後再投資,所以本章就來了解如何隨授權進度投資新藥開發公司。

圖 4-5 新藥公司獲利方式

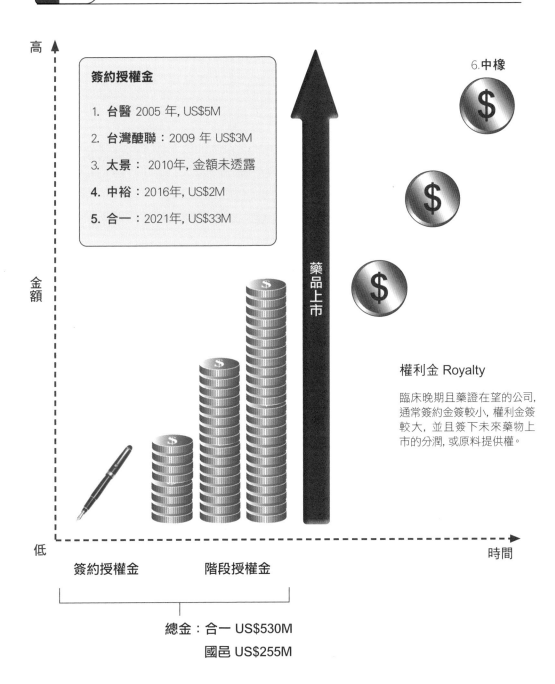

高

金額

低

簽約授權金

1. **台醫** 2005 年, US$5M

2. **台灣醣聯**：2009 年 US$3M

3. **太景**： 2010年, 金額未透露

4. **中裕**：2016年, US$2M

5. **合一**：2021年, US$33M

藥品上市

6.中橡

權利金 Royalty

臨床晚期且藥證在望的公司,
通常簽約金簽較小, 權利金簽
較大, 並且簽下未來藥物上
市的分潤, 或原料提供權。

簽約授權金　　　階段授權金

時間

總金：合一 US$530M

國邑 US$255M

　　台灣以電子代工起家，賺的是一分一厘的辛苦錢，產品有出貨，公司才會有營收，分析師報告主要評估項目是毛利率；但是新藥研發公司不賣產品，而是賣 "藥物使用權"，只要能授權出去，不用等到藥品上市，就會有收入；之後隨著藥品上市，還能每年收到權利金；但是中間藥物開發過程風險難估，除了藥品本身以外，還有資金是否充足的問題。

　　一般散戶投資者可以等到授權有點苗頭時，再來投資新藥公司，這時投資價格雖高，但如能預期下筆授權金的收入，還是有獲利的機會。

　　因此我們要了解新藥研發公司的授權模式，才能掌握投資時點。

簽約授權金

　　簽約授權金相當於聘金；當 A 公司藥品開發到某一程度，也就是女兒長到可嫁人時，就會有好幾家藥廠提出興趣。

　　然後雙方各別展開查核，也就是 due diligence 的過程，把對方的產品、技術、市場和財務調查清楚，更重要的是雙方共同開發藥品的計劃、決心及投資的金額；過程和娶親那種祖宗八代都會列入考慮的情況差不多。

 每年美國都會召開好幾次 "招親大會"，提供小公司與大藥廠媒合的機會。

經過仔細的 "對看和身家調查"，最後搶親者要在聘金上展現誠意，這就是簽約授權金。

假設 B 公司為下聘者，表示 B 公司有意取得 A 公司的 "藥物開發權"，之後 A 公司會負責提供之前的開發資料和技術，B 公司會執行往下的藥物開發流程或產品上市規劃。

簽約授權金的大小和該藥市場有關，也和該藥發展的階段有關；比較有潛力且已走到臨床二期的藥物，如癌藥或單抗藥物，一般都有千萬美元以上的授權金。還在動物階段的藥物，因為開發風險及投入資源高，一般簽約金較低，約百萬美元之譜。

階段授權金

階段授權金是指每完成一個里程碑 (milestone)，證明該藥有此潛力時，B 公司就要付某金額給 A 公司。

階段授權金的大小或次數沒有一定準則，主要看雙方合作內容而定。

以美國生技製藥界常見的階段授權內容為例，一般雙方約定的 milestones 有：

- **提出臨床計劃，並獲得 FDA 通過**：視公司經驗而定，有經驗者約數月至一年即可獲准進行臨床試驗。

- **病人收取進度**：較少以此為 milestone，但仍有少數案例。

● **臨床試驗進展：**最常見的 milestone，所須時間視病人收取資格、臨床試驗規模、是否有跨國計劃，和公司資金狀況而定；資金充裕之下，每個臨床階段約須 1-3 年，請另參考 2-3 章。

● **新藥上市申請 (NDA)：**文件申請時間約一年。

總金

以上包含簽約金到整個產品上市總共可取得的金額叫**總金**，媒體所講的授權金上看 xx 億美金指的是總金，當然要取得總金的條件是藥品通過所有的臨床試驗並順利上市。

雖然總金是個未來式，但是總金的大小還是有價值上的意義；由於總金是藥廠專家經過詳細估算而來的數字，比我們這些創投的評估數字更專業也更準確，由藥廠公佈的總金大小通常代表這生技公司或該藥物的未來價值。

權利金

當藥品拿到上市核可後，隨每年營收逐漸擴大，B 公司必須付營收的某百分比給 A 公司，這叫權利金。

營收擴大來自於二個因素：

一、單一市場滲透率提高

二、市場版圖擴大至其他國家

　　因此通常會約定二、三個營收門檻，隨營收進入不同層級，拿取的權利金也節節升高。例如營收達 US$200M 時權利金為營收的 12%，達 US$500M 時則拿 20%。

台灣授權金案例

　　台灣新藥開發最早取得授權的案例是**中橡**投資**陳垣崇博士**在美國開發，治療龐貝氏症的孤兒藥，後來由美國的 Genzyme 公司完成臨床試驗，取名為 Myozyme，曾拍成電影；想看實際藥物開發經過可上 Genzyme 網站，會有更正確的描述。

表 4-5-1 台灣 "原創性" 新藥公司授權內容

台灣公司	授權對象	授權產品	授權時間	授權階段	前金	總金
中橡/Synpac	美國Genzyme公司	Myozyme (龐貝氏症-一種遺傳性疾病)	2000	臨床階段	US$19M	未透露
			2006	NDA上市核可	US$22M	營收大於US$200M時，權利金13.5%
台醫(已赴美發展)	德國百靈佳Boehringer Ingelheim	單株抗體，可應用於自體免疫性疾病，如牛皮癬、風濕性關節炎、癌藥	2005	臨床前	US$5M	US$130M
醣聯	日本大塚	單株抗體癌藥，可應用於大腸癌	2009	臨床前	US$3M	US$200M
合一	LEO製藥	單株抗體，可應於過敏性疾病	2021	臨床階段	US$33M	US$530M

表 4-5-2 台灣 "銜接性" 新藥公司授權內容

台灣公司	原產品開發者	授權產品	授權時間	授權對象	前金	總金	備註
基亞	澳洲 Progen	完成二期臨床的多醣類肝癌藥	2007	二期臨床完成	US$5M	未公佈	2014年解盲失敗
太景	寶橋 Procter and Gamble	抗生素	2010	Warner Chicott	US$10M	未公佈	
智擎	Hermes (2009年 Merrimack併購Hermes)	小分子癌藥/治胰臟癌、胃癌	2011	Merrimack	US$10M	US$220M	
中裕	Tanox	Phase II 治愛滋病的單株抗體	2016	Theratechnologies	US$2M	營收大於US$1000M,權利金US$10M	2022年解約
漢達	Novartis	多發性硬化症	2022	Cycle	US$5M	US$56M	
國邑	United Therapeutics	肺動脈高壓藥	2023	Liquidia Technologies	US$10M	US$255M	

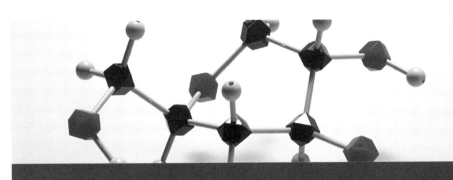

4-6 新藥研發公司投資訣竅

　　生技專家很多，筆者還很渺小，但有幸自 2003 年進入生技創投，高峰時期每年評估約 200 份美國生技公司的營運計劃書，配合以前在產業界的經驗，加上以企管角度看待生技公司經營，有些投資心得野人獻曝，提供各位參考。

Top down 投資策略

新藥公司的投資要從上往下看 (Top Down)，先看清大局面的競爭態勢，再看公司營運規劃是否有利基。若現行藥物治癒率佳，則要三思有否必要投資一個還要花時間金錢才能上市的藥，如果這藥沒有其他優點的話。

投資時要考慮投入成本、時間和市場效益之間的平衡性。

競爭者若多，一定要挑藥物具差異性的公司

新藥開發耗時費資，一等就要三五年，投資時一定要慎選藥物有差異性、有競爭性的公司，以增加成功機率。

而藥物競爭性評估要多方研究，請教國內外學界、業界、醫界不同專家的意見，並加上自己的判斷，莫只請教單一資訊來源，以免誤判。

營運成功在於人的組合

新藥公司投資時程長，主要經營團隊，包括董事長的適任性，都要納入評估；團隊裡的每個人必須各司其職，有實際專業經驗，莫有掛名者；團隊不能故步自封，自以為是，願意與外界多方意見溝通者，較容易經營成功。

投資價格要合理,過高寧可不投,以時間等待機會

新藥開發由於技術深奧難懂,對於某些頂著國外光環回台募資者,投資者容易被誤導,若採用某些失真的技術鑑價報告,更容易造成投資價格過高。

價格過高寧可不投,以時間等待機會,千萬不要因為怕搶不到機會而誤投價格過高的公司。

判斷價格是否過高,可採用同業比較方式,若臨床一期的公司市值 4 億,則還未進入臨床試驗者,沒理由高於同業,除非它的藥有特別的市場價值。

而市場價值要藥物上市後才能認定,所以前期不能做價太高,每登上一台階有一台階的價格,前後價格混亂,會造成再募資的困難。

在參考同業價格時,千萬記得要去除股價過高的公司,投資當然愈便宜愈好,取樣時要去除高價同業,因為高價同業之所以有這高價,也許是有富爸爸,也許是技術特高,總之投資者沒必要抬高自己的成本。

第 **5** 篇

從市場面談生技投資

■ 5-1 散戶也是生技投資高手！三個步驟決勝天下！

本書 2~4 篇是教大家如何釣魚的基本功, 而實際下海釣魚則看臨場反應, 其實投資生技的決策流程和投資其他產業沒什麼兩樣, 第一：選擇基本面佳的公司, 第二：與同業進行比價, 抓出股價合理性, 第三：搭配技術線型決定買點。本書前幾章的描述都是在輔助基本面的判斷, 不管有沒有讀通所有的概念, 您仍有機會是贏家！

■ 5-2 投資生技製藥股首看基本面及科技競爭面：

生技製藥產業是個講究科學、品質和競爭力的產業, 不管股市如何追漲或波動, 公司國際競爭力的維持和佈局永遠都是經營團隊的首要目標, 投資者可以把努力於本業的公司列為長期觀察標的, 尤其是已進入國際市場的績優股, 然後隨股市脈動調節持股, 您會發現, 投資生技製藥其實並不難！

■ 5-3 同業評比常用的指標：

除了新藥開發公司使用授權金及淨現值方法推估股價以外, 有獲利的生技類股都可以用 P/E, P/S 幾個指標簡單評估股價合理性, 但買賣時點應搭配技術線型。

■ 5-4 如何解讀生技股的本益比：

目前掛牌的生技相關類股很多都有不錯的 EPS, 所以就有所謂的本益比評估；本益比是用來推測價格是否合理的方法之一, 但本益比時高時低, 如何判別? 本章將描述各種影響本益比的因素。

■ 5-5 生技類股掛牌價是怎麼訂出來的?

生技類股跌破掛牌價的不多, 換句話說掛牌價就是底線, 只要跌破掛牌價就是買點, 那麼這個掛牌價是如何訂定出來的呢?

另外還有些因素也會影響到股價, 例如類股上市跑第一名、時事造英雄、媒體關係良好、主力支持…等等個別原因也都會影響股價；本書只能提供產業競爭力的評估方法, 讓讀者選擇投資標的時能夠多增加勝算, 減少被騙機會, 但讀者還是要花時間了解各股股性, 二相配合才能投資順利。

5-1 投資生技三步驟決勝！

生技製藥產業龐大, 與傳統產業最大不同點在於法規規定嚴謹而複雜, 不同次產業, 例如學名藥、新藥研發、原料藥、…等等, 又有不同的遊戲規則和評估方法, 而產業的上中下游互相交錯, 更令業外人士一頭霧水！

散戶們不要氣餒, 生技製藥本來就不容易懂, 但是投資生技製藥卻仍然仰仗很多傳統投資技巧和智慧, 例如財務出現狀況又無合理解釋、大股東質押借貸頻繁、股價常隨消息面大漲大跌, 可能有炒作嫌疑…等等, 也同樣會發生在生技製藥業。

所以投資生技製藥不要有心理障礙, 首先選擇自己可以理解的次產業, 然後按照本章建議的三個選股步驟, 選擇基本面佳競爭力強的公司, 配合同業比價及技術線圖找買賣點, 把握這三個原則, 您也會是生技投資贏家！

投資生技三步驟：挑選基本面佳、同業比價合理者，再搭配技術線型尋找買點

投資生技類股和投資其他產業一樣，都要經過挑股和決定買賣點的流程，不要沒做功課就隨投顧老師或媒體起舞，天下沒有白吃的午餐，得來容易的投資訊息可能是慘遭套牢的開始，這在生技製藥股尤易發生，因為大眾看不懂的產業最容易被炒作，古今皆然，全球皆同！靠的就是資訊不對稱，和人類貪財的心理！

但如果一味認為生技都是騙人的公司，那也對不起真正努力為人類福址賣命的研究人員們！因為有問題的是 "提供資訊的管道"，而非生技公司本身，除非這公司的心態本來就不正，而一家不正的生技公司是經不起科學和法規驗證的，反過來說，生技製藥反而是更另人安心的投資標的，因為有很多國際藥廠專家和政府單位把關，而產品壽命也遠超過於電子或其他消費性產品！

 多做功課，多方研究比對，是投資生技或任何類股的不二法門！

圖 5-1 是建議給散戶的投資決策流程，首先選擇您看得懂，可以理解的次產業，再進行同業比價，抓出投資標的合理價位，最後搭配技術線型，找個適當買點進場。

未了解新藥獲利模式或價值者，不要勉強投資新藥，還有其他很多生技產業可以投資。

一般初投者可以選擇代工歷史悠久的醫療器材股，這類股每月有訂單營收，比較容易掌握，請大家複習一下第一篇的生技類股分類，選擇您熟悉的產業，才能掌握該產業的基本面和景氣脈動，提高投資成功率。

圖 5-1 生技投資決策流程

選　股　用

公司基本面

・國際競爭力、技術或產品優勢

・獲利能力

・團隊經營能力

同業比較

・有營收者：常用指標 P/E, P/S

・新藥研發公司：授權金或淨現值市價比較

買　賣　用

搭配技術線圖

・技術線

・成交量及籌碼面

5-2 選股：
首看競爭力

　　生技製藥產業是個講究科學、品質和競爭力的產業，不管股市如何波動，公司競爭力的維持和佈局永遠都是經營團隊的首要目標；過度關心股價的生技公司反而要小心背後的原因。

　　投資者可以把努力於本業的公司列為長期觀察標的，尤其是已進入國際市場的績優股，然後隨股市脈動調節持股，您會發現，投資生技製藥其實並不難！

國際競爭力

台灣是個小國家，內需市場不足，對研發資金需求高的生技類股而言，一定要靠國際市場支撐獲利，所以選股要找 "外銷競爭力佳者"，例如**原料藥類股**，約 90% 外銷，且其中五成外銷至歐美這些先進國家，足見這類股的國際競爭力！

最近幾年，台灣在學名藥外銷上則突破傳統，在困難學名藥上，擠入國際競爭，並與國際通路聯結，外銷成長迅速，如美時、保瑞／安成、漢達。

而 "國際" 指的是那些國家呢？

沒有特定哪些區域，已開發國家或新興國家均可，主要看該產業的獲利偏向而定。

以**原料藥**而言，外銷歐美單價高，當然要選擇出貨歐美比例高的公司，而保健食品通路業，台灣的優勢在中國比較容易突顯，所以選擇中國佈局深的公司；**學名藥**則無太大的區域分別，能進入歐美處方藥者當然列為首選，毛利可能較在新興國家高，但台灣學名藥進入新興市場則較有競爭優勢，也是不錯的選擇。

注意未來產品單價和數量，與公司股本的配合，即可找到 EPS 成長性高的投資標的。

技術競爭力或產品優勢

技術競爭力這部分可能須要專業評估，一般散戶較難掌握，除非正好是相關業者，但股價會說話，技術競爭力強的公司也許有國外上下游夥伴持股，所以股價居高不下，這就是同樣都是製藥公司，本益比卻差距不小的原因。

所以散戶如何判斷技術競爭力呢？還是要多方研究，儘量找熟知該產業的專家請教吧！

產品優勢方面，舉例而言，有家劑型改良的公司，宣稱可以把藥品保存期由冷凍保存三個月提高為室溫保存二年，讓醫院藥局保存藥物容易許多，減少物流成本和藥物過期損失，這就是產品上一個很大的優勢。

而醫療器材在使用方便性上進行突破，例如把原本須要人力縫合的手術針改成釘書機式，減短手術時間，也可以稱為產品開發優勢，可惜台灣醫療器材在創新改革能力上較不足，只在外型或使用方便性上做小小改良，較難變成強而有力的競爭性產品。

獲利能力／獲利潛力

投資就是要賺錢 (除少數人以外)，尋找有獲利潛力的生技公司重於對高科技的一味膜拜。

這句話說來簡單，但是很多投資者還是被科技迷昏頭，忘了這個簡單的獲利道理，例如投資某大學開發的高速質子加速器，用於治療腦癌...，聽起來偉大，但光儀器製造、認證、臨床試驗，加上建立完整治療室和極高的技術維護費，就不知要耗掉多少時間和金錢，而人才的取得也是問題；更重要的是腦癌現在已有化學藥物和其他儀器可以治療大部分的案例，那麼請問剩下來有多少腦癌病患會來使用新開發的質子加速器？所以台灣至今仍代理國外質子加速器，而非自行開發。

注重研發是公司維持長期競爭力的基礎，但資源有限，在投入之前要謹慎思考技術或產品的 "市場競爭性"，產品或技術有無競爭力最後都會反應在獲利能力上，在生技製藥界亦然，只是實現的時間會比其他產業久，因為有種種法規必須符合，但相反的，產品壽命也比較有保障，因為對手也須要同等的申請時間才能上市。

投資生技股還是要看獲利能力，不能投資一個天邊遙遠的夢，除非你能在泡泡吹破之前，獲利退場。

經營團隊的能力

"人才" 是公司最大的資源，"經營團隊" 是否能適得其所地開發產品、管理公司，並為股東省錢及賺錢，這更是投資者評估的重點。

在生技這種技術導向、重視策略和管理的產業，經營團隊的每個角色是否能勝任其職是公司成敗的掌舵者；而公司發展到不同階段，必須隨著市場挑戰更換團隊領導者，這也是必要的。

至於誠信和操守，在任何產業都是基本要件，故投資者可以用傳統智慧評估之。

好的經營團隊要能 "善用各類資源，減少股東成本"，可以委託生產者，就不要自已蓋廠生產，以降低股東風險，除非有信心可以回本。

 藥廠或蛋白質廠和電子廠差別在於前二者須要冗長的 GMP 認證過程，否則產品無法上市；因此生技公司一般習慣委託已有認證的工廠生產，而不是自己蓋廠，除非有自信可以回收龐大的投資。

5-3 同業評比常用指標！

　　除了新藥開發公司使用授權金及淨現值方法推估股價以外，有獲利的生技類股都可以用 P/E, P/S 幾個指標簡單評估股價合理性，但買賣時應搭配技術線型。

P/E (Price per Earning) 本益比
乃最常用的同業評比法

　　想投資某一公司，若知其 EPS，但要推測其股價合理性，一般會參考同業本益比，即 P/E 值；若高出同業很多，可能技術或產品特別有競爭力、籌碼被鎖、或炒作，可再深入研究。很多生技公司都有獲利，所以本益比為生技股最常用的同業比價法。

P/S (Price per Sale) 股價銷售比
通常用在尚未獲利的醫療器材股

　　在美國，創新型的醫療器材公司，例如微創手術用的膝關節植入器，產品新穎，但要取得醫生信任和使用須要幾年的市場開拓期，所以行銷支出龐大，公司尚未獲利，EPS 是負值，但公司有不錯的產品銷售數字 (Sale)，所以把股價除以每股營收，即 P/S，也可以得到一個參考數字，進行同業評比。

　　但 P/S 在台灣較少使用，因為台灣醫療器材類股大多為代工者或生產者，有 EPS 可以進行評估。

P/B (Price per Book Value) 股價淨值比
不適用於生技類股

　　生技類股，尤其是新藥開發公司，由於研發支出高，通常淨值都低於 10 元，所以不宜使用 P/B 評估偏重研發的公司。

　　一般只要溢價增資馬上就可以提高每股淨值，所以每股淨值只能用來評估生技公司經營風險，而不適合用來評估公司有否投資潛力。

5-4 了解生技股的本益比

影響本益比的因素眾多，不同生技公司之間很難有比價效應；但本益比仍然經常出現在評估報告中，如何解讀生技股的本益比，乃讀者一定要做的功課，本章有完整的分析！

　　有位分析師問我某某生技公司憑什麼有這麼高的本益比！？ 我一時語塞，因為各家公司的本益比高低其實各有原因，難以一言以蔽之，如果對該公司不了解的話，很難有認同，所以今天就來說清楚生技股的本益比是怎麼來的！

　　本益比就是股價除以 EPS，也就是 Price per Earning Ratio，簡稱 PER，或 P/E；大家一定很好奇，為何同樣 EPS 都是 4 元的原料藥公司，甲公司股價只有 60-80 元，乙公司硬是 120-140 元，P/E 差距一倍以上，前者 15x，後者 30x；是否可以推測甲公司被嚴重低估，於是拼命加碼挺進，期待甲公司比照同業乙公司還有一倍的漲幅呢？

　　答案是：not exactly！

本益比只是個指標而已, 背後影響因素眾多

　　"數字會說話" 指的是財報上反應公司真相的財務數字，而本益比只能稱為 "指標"。

　　指標就是風向球，風向球是會隨風上下飄動和轉向的；而且每家公司有自己的 "風向氣球"，例如甲公司的氣球線比較短，它只能飄在離地面 10 公尺距離，乙公司氣球線長，它可以飄到離地 30 公尺高，這叫 "個別因素"；公司競爭力和未來成長性是影響氣球線長短的主要個別因素。

而一陣風吹過來，所有公司的氣球都會被吹低或吹高，這叫 "系統性因素"，例如 2011 年歐債危機加美債危機，全球股市都被掃得落花流水，生技公司的本益比也隨之修正；所以讀者對本益比先要有這些基本觀念，學會解讀和拆解，才不會落入數字的迷思裡。

圖 5-2 本益比含系統因素和個別因素

一陣風吹來, 所有公司的本益比都隨之修正

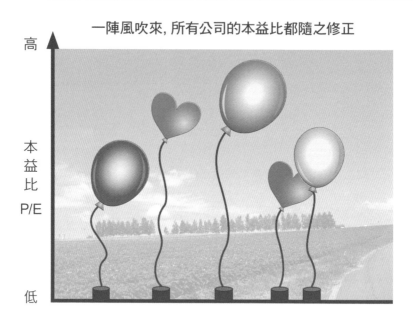

高

本益比 P/E

低

本益比是個綜合各種變數拉扯抗衡的進行式，不一定有邏輯

在有效率的市場，本益比會出現較有邏輯的方向；即本益比隨公司未來成長性高而上升，反之則下降；可惜，台灣生技類股並不是個有效率的市場，因為類股家數不夠多，分析報告不夠深入，資訊不夠普及，股本小，人為操弄空間大。

　　台灣上市櫃生技公司不算多，原料藥公司 6 家；醫療器材股 27 家；製藥公司分內銷、外銷，約幾十家，但有競爭力者約 6~7 家較受法人關注。醫材則是更分散，有代工者，有創新者，還有電子醫材加入 AI，較進化者，顯然後者會較有前景競爭力，故後者本益比會較傳統代工者高。所以要評估生技股的本益比並不容易，因為同業家數不足，只要有一家稍有異常股價，就會影響平均數字。

　　所以**生技股的 "同業本益比" 僅做參考，在統計上沒有意義**，換句話說就是：各走各的路，甲公司不會有類似乙公司的本益比；但在投資時可稍做參考，例如某一新上市公司的本益比高出同業甚多，那就要深入研究原因了。

"籌碼面" 和 "小道消息" 是顛覆所有評估方法的主要變因

　　大部分的生技股股本小，很容易炒作，加上一些政策利多或中國市場題材，股價波動性更大；另外只要大股東鎖住籌碼，拉高幾天，本益比就會長得和同業不一樣。這種股市常玩的技倆在生技股更容易操作，因為大家都看不懂技術嘛，所以很容易炒作！

　　不過現在比以前好多了，經歷過金融海嘯洗禮，投資界較以往務實，連美國這位炒作生技本夢比的始作俑者，也於二年前開始重視生技公司的實質營收。

　　台灣生技股炒作成份仍有，但大部分生技上市櫃公司在證管會及法人投資者的嚴格追蹤下，公司股價上漲都有實質的理由，否則無法支撐股價。

筆者建議投資生技公司應著重公司 "長期" 及 "國際" 競爭優勢，只要這二項有潛力，股價遲早會展現該有的價值，本益比則留給市場決定，而市場決定本益比的方式請見以下分析。

影響本益比的因素

隨公司競爭力調整

公司競爭力愈強，前景愈看好，P/E 愈高。

公司未來營收成長性是影響 P/E 最主要的因素。

隨該產業景氣或市場調整

景氣不明，或市場已趨飽和，P/E 下修，反之則上升。

例如 2010 年整個原料藥股本益比均較其他生技類股高，因為台灣原料藥外銷年年成長，每家公司的獲利也年年成長，有數字證明，自然會吸引投資者的目光，推升整個產業的本益比。

2023 年製藥業本益比也較高，因為外銷成績太好了，也拉動整個生技產業的樂觀氣氛。

隨全球或各國家大盤調整

當全球景氣不明時，所有公司的 P/E 均下調；例如 2009 年大家還在金融風暴陰影時，大部分生技公司 P/E 都在 10 倍以下。渡過危機後，2011 年 30 倍的公司則比比皆是。而 2017 年新冠疫情打趴全球，但疫苗出現後，不管療效，國際新藥公司率先股價回彈，未受疫情影響的台灣也活蹦亂跳，故在大跌時撿股價也不失一種操作，這時已沒有人在關心本益比。

隨次產業調整

一般本益比由高至低如右：醫藥 ＞ 醫材 ＞ 保健食品；但次產業的排行順序會隨年代而調整。

原料藥在以往教科書或專家眼中屬於製藥業最底層，但台灣原料藥公司經過多年國際淘汰和洗禮，現存的原料藥公司在國際都佔有一定地位，取得歐美訂單，獲利亮眼；加上多家公司同時上櫃，形成不可忽略的氣勢，所以 2011 年上半年原料藥整個產業的本益比從 8-10x 衝到 20-30x！

2023 年則製藥業超越原料藥，因為外銷毛利佳、銷量大，本益比也隨著法人追捧，衝到40x！ 不過激情退去，投資還是要回到合理本益比才值得長投。

小公司 P/E 高, 大公司 P/E 低

一般股本或營收過大的公司，除非取得一個很大的訂單，否則對 EPS 無太大的助益，相反的，小公司股本小，一有營收馬上反應於股價，在美國，股本小的生技公司 P/E 平均高出大藥廠一、二倍以上。

於是大公司傾向於把單一部門分割成一個一個的小公司上市櫃，股本小，EPS 自然亮麗，股價也容易因為營收成長而展現該有的漲勢；如此的分割策略對部門團隊較有刺激作用，有努力就有成果，不像

以往被母公司罩頂，績效不易被看見；而從投資者角度而言，這類的小公司有母公司的集團支援，在申請藥證或臨床試驗時會比沒經驗的公司順利許多。

本益比隨追漲意願調整

有期待有夢想時股價無限飆高，事實公佈後回歸現實；所謂有夢最美，股價相隨；之後就利多出盡，這通常出現在未有營收支撐的美國生技股。

多頭時代，在美國，臨床實驗結果公佈前常有股價飆高現象，原因是接近翻牌時點，賭性堅強者會投機入場，造成股票沒理由地飆漲；若臨床結果正面，有些投資者會先獲利了結出場，股價小衰，之後第二波買家入場，通常還會再有一波漲勢，即所謂的換手行情。

在台灣電子股也常有換手行情，但在生技股則不太明顯，主要原因是市場還不太熟悉生技醫藥股，追高意願較薄弱，但對營收有成長性的公司，還是有換手行情，股價一波一波漲。

因此碰到換手的末波段，這時的本益比可能很高了，所以更不能採用 A 公司此時的本益比去推測 B 公司的本益比走勢，兩碼子事！

結論

綜觀以上討論，本益比不容易預估，很多分析報告乃看股價說故事，P/E 是反推出來的，參考就好，了解背後的股漲原因會讓您的投資更順利。

5-5　生技類股掛牌價
　　是怎麼訂出來的？

　　散戶可能有機會因親友鼓勵而投資未上市生技公司，或者心動想買即將掛興櫃，或興櫃轉上市櫃的公司，或參加上市櫃公司抽籤…這些未上市公司的股價到底是怎麼訂出來的？散戶會不會變成冤大頭？

生技公司各階段投資者與訂價決定者

如圖 5-5 所示，在私人經營階段，公司股價由經營者和創投投資者協商決定；準備興櫃階段則由公司與承銷商協議，而真正掛牌後則由市場決定。

各階段的訂價方式如前章介紹的，最常用的是同業本益比評估法，而在公司新創階段，未有營收時，創投會使用未來營收預估的淨現值法、P/E 或 P/S 各種評估指標。

圖 5-5 生技各階段投資參與者

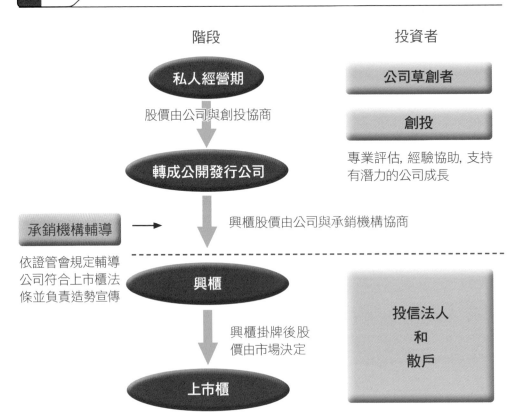

公司未上市階段, 創投扮演重要投資者和 管理者角色, 訂價機制合理乃未來成功基礎

生技製藥公司由於研發支出高, 一般較少靠家人出資, 而由創投或有錢的個人投資。

生技創投為新藥公司的主要資金來源; 近年其他非生技專業的創投也積極投資生技公司, 但多投資有營收的生技類股, 而非新藥開發公司。

未上市階段, 在訂價方面, 通常由公司董事會代表, 如董事長、總經理或財務長, 向創投投資者協商價格; 依公司發展成果, 每階段的投資價格逐步上升, 除非公司發展不佳才會降價 (down run) 或平價 (flat run)。

訂價要從市場面考量, 訂價成功才能一路長紅

如圖 5-5 所示, 公司興櫃後的股價乃由市場決定, 而市場一定會以同業比較來評估新掛牌公司的股價, 因此由同業上市櫃公司的價格反向設計未上市生技公司的股價, 使未上市公司股價一路有上漲空間, 讓每一階段的投資者都可以獲利, 才是好的訂價方式, 也是公司可以長期獲得資金的策略。

千萬不要在公司尚有經營風險階段就要求和上市櫃公司相同的高價, 萬一有閃失, 投資者對公司執行度產生信心懷疑, 就不容易募集到下一筆資金。在舊投資者不願認賠減資, 新投資者又嫌公司價格太貴不願投資的狀況下, 很多生技公司產生資金後繼無力的窘境, 至今仍無法上市櫃。

所以散戶如有投資未上市公司機會時，也要從市場面反向推估未上市公司的價格合理性，並加上折扣，才是合理的投資價格。

　　例如同樣 EPS 的公司，A 公司未上市，但 B 公司已掛牌 (不管興櫃或上櫃)，B 公司股價 80 元，則投資A公司的股價一定要低於 80 元才合理，至於要打幾折則隨時間和風險狀況而調整，掛牌時間會拖上一年者，打到六折以下都不為過，而三個月內就要掛牌者，則可能打個八九折吧，或隨情況而定，總之投資未上市公司的股價應低於其上市櫃同業才合理，否則容易受到市場修正而造成投資上的損失。

　　除非物以稀為貴，如果該公司產業前景十分看好，額度又不多，則有可能依市價認購未上市股，而期待上市櫃後股價再創另一高峰。

若公司基本面不變，股價因大盤因素而跌破承銷價時，即可考慮買進

　　來台上市的醫療類 TDR 股通常做價太高，當遭遇系統性風險時 (例如：歐債風暴、金融危機)，股價全部下修。投資者謹記投資未掛牌公司一定要比已掛牌公司的本益比低，才能平衡時間風險！

MEMO

第 6 篇

實案操練：將產業知識
應用於個股基本面分析

　　一般讀者只要閱讀第一篇和第五篇一般性的生技類股投資重點, 就可以抓到七八成的投資方向; 第六篇我們把前幾章的產業知識, 應用於個股分析, 讓各位讀者更能貼近市場, 抓到實際投資的感覺。

　　請注意, 本章挑選的案例都是技術導向或產業導向的公司, 意在引領大家把科技、市場和個股連動起來, 協助讀者獨力判斷, 絕非投資建議。

　　排序上, 我們先把產業單純、普遍化, 且EPS 容易評估的公司放前面, 較須專業判斷的新藥與細胞治療公司放後面。

晶碩 6491

隱型眼鏡代工，營收視市場變動

公司基本財務資料

公司名稱	晶碩光學股份有限公司
公司英文簡稱	PEGAVISION
董事長	郭明棟
總經理	楊德勝
公司成立日期	2009/08/26
公司地址	桃園市龜山區興業街5號2樓之1
上市日期	2019/10/07
實收資本額	700,000,000
普通股發行股數	70,000,000

2023 Q2 獲利能力	
營業毛利率	51.07%
稅前淨利率	27.17%
資產報酬率	3.94%
股東權益報酬率	5.75%

年度	2022	2021	2020	2019
營收淨額（百萬）	6,321	5,595	3,978	3,355
營業毛利（百萬）	3,315	2,964	2,005	1,493
營業獲利（百萬）	1,820	1,460	856	592
稅後純益(百萬）	1,545	1,248	715	475
股本(百萬）	700	700	700	650
EPS (元)	22.03	17.84	10.22	7.62
最高總市值（百萬）	36,190	45,360	20,370	15,665
最低總市值（百萬）	19,110	16,345	5,901	10,108
最高收盤價	517	648	291	241
最低收盤價	273	233.5	84.3	155.5
最高本益比	23.47	36.32	28.47	31.63
最低本益比	12.39	13.09	8.25	20.41

投資評估重點

▌隱型眼鏡產業面：

　　隱型眼鏡分為功能型與美妝型，功能型鏡片有度數，主要為近視鏡片，美妝鏡片則加入顏色，搭配彩妝，深得女孩們的喜愛。在配戴時間上，日拋或週拋取代月拋成為主流,免去搭配洗劑的麻煩 。材質方面，矽水膠含氧量較高，佩戴較舒服，生產技術被克服後，大量取代原水膠材質。近年全球人口老化，改善老花的隱型眼鏡也出籠，但市場不若近視調節者。美妝彩片的上市，加上強勢行銷，則開創隱型眼鏡的另一商機。

以上近十年的產業轉變，對隱型眼鏡代工者而言是很大的挑戰，因為度數顏色多樣化，少量多樣的訂單情況大幅增加，生產管理的優勢化成為市場競爭的主力點，台灣很多傳統的隱型眼鏡代工者消失於洪流當中。2008 年後，金融重創電子業，以電子業起家的公司侵入隱型眼鏡業，並取得醫材與國際藥證，再配合自動化的出場檢測，取代傳統的人工檢測，大幅降低對技術人員的依賴，在 2019 年疫情缺工時期，更顯優勢。故台灣的**晶碩**、**視陽** (矽水膠為主) 取代**精華**，成為國際代工的後起之秀。而原先雄霸全球的前四大，如**嬌生**、**博視倫**...也漸被亞洲興起的品牌商瓜分市場，尤其在中國戰場上，然中國市場又成為台灣代工廠互相競爭的大餅。

中國雙十一的網路帶貨，為台灣代工廠的每年旺季，在每年八月九月即會先看到月營收的增加，但須觀察當年中國經濟的復甦狀況。

公司基本面：

晶碩為**和碩**的子公司，公司主要產品為日拋隱形眼鏡，佔營收的99%，其中代工佔 80%，品牌佔 20%，市場以亞洲為主，彩拋主要外銷中國 (約 45%)，日本則以功能型隱型眼鏡為主，**晶碩**已取得日本各產品的銷售證照 (包括近遠視、閃光、抗藍光等)。**晶碩**因自動化程度高，毛利約在 50% 上下，2023 年矽水膠佔比尚低，約 7%。為應因中國市場，**晶碩**也在台灣龜山向**和碩**買下第三廠。

未來觀察：

疫情過後，隱形眼鏡的買氣逐漸回溫。一般農曆年工作天數少，為每年的營收淡季，Q3則為旺季，為中國雙十一拉貨潮而備貨。

台灣隱型眼鏡市場已飽和，日本為各廠商的兵家必爭之地，中國市場則被早期進入的**海昌、金可**和**國際**四大品牌佔據。未來觀察每月營收即可，尤其是每年的八月、九月、十月旺季的出貨數字，大概當年就可估出獲利。**晶碩**也想進入美妝領域，當過度越界，未有核心優勢時，須留意獲利變化。

泰博 4736

以血糖計/試片為主，並邁入雲端居家醫療

公司基本資料

公司名稱	泰博科技股份有限公司
公司英文簡稱	TaiDoc
董事長	陳朝旺
總經理	陳朝旺
公司成立日期	1998/5/11
公司地址	新北市五股區五工二路127號6樓
上市日期	2010/12/1
實收資本額	952,905,860
普通股發行股數	95,290,586

2023 Q2 獲利能力	
營業毛利率	35.40%
稅前淨利率	24.98%
資產報酬率	1.30%
股東權益報酬率	1.78%

年度	2022	2021	2020	2019
營收淨額（百萬）	9,627	6,493	5,904	4,138
營業毛利（百萬）	5,646	3,209	2,951	1,830
營業獲利（百萬）	4,141	2,095	1,982	803
稅後純益(百萬）	3,469	2,044	1,577	680
股本(百萬）	952	930	921	841
EPS (元)	36.03	21.35	17.08	8.03
最高總市值 (百萬)	28,655	22,041	28,367	16,273
最低總市值 (百萬)	15,042	14,880	12,019	10,218
最高收盤價	301	237	308	193.5
最低收盤價	158	160	130.5	121.5
最高本益比	8.35	11.1	18.03	24.1
最低本益比	4.39	7.49	7.64	15.13

投資評估重點

公司基本面：

　　泰博成立於 1998 年，總經理陳朝旺乃由五專一路唸到台大醫工所博士，故有實務血液和研發專業。泰博早期研發醫療 IC 設計，後進軍血糖計、血壓計、耳溫槍、試片等多種醫療相關產品，因已全球行銷，故比台灣其他醫材公司更能快速開發產品，取證，國際上市，例新冠疫情時的快篩試劑 (也是耗材)。進入數位網路時代後，利用手機

APP 隨時監控個人生理狀況成為亞健康人的普遍習慣，**泰博也快速跟進**。然而所有居家醫療檢測，仍以血糖監控為大宗，尤其試片乃耗材，支撐**泰博**每年有不錯的基本獲利。

▌觀察重點：

泰博是老牌的醫材模範生，每年 EPS 都不錯，主要原因是血糖試片乃耗材，即使單價下跌，市場還是有常備需求性；而電子醫材則須靠汰舊換新潮，且競爭者多，會有淡旺年。

新冠疫情的三年 (2019~2022年)，台灣非疫區而搶得血壓計、耳溫槍國際大單，其間**泰博**反應迅速，快速進入國際快篩試劑市場，更如虎篇添翼。總結2022年，EPS 創新高，高達 36 元；2023 年配息每股台幣20元。但隨著疫情逐步緩和，**泰博將回歸血糖事業的開拓。泰博屬於高配息股，股價非追逐重點。**

▌投資觀察重點：

● 主要點：營收和獲利的追蹤；客戶變化、市場拓展計劃。

● 次要點：" BLE/NFC生物檢測儀" 非接觸之血糖檢測儀的市場接受度和普及性。

寶齡富錦 1760
跨足原料藥、快篩檢測及醫美

▌公司基本財務資料

公司名稱	寶齡富錦生技股份有限公司
公司英文簡稱	PBF
董事長	張立秋
總經理	江宗明
公司成立日期	1976/1/7
公司地址	台北市南港區園區街3號16F(F棟)
上市日期	2018/1/23
實收資本額	857,390,130
普通股發行股數	85,739,013

2023 Q2 獲利能力	
營業毛利率	52.00%
稅前淨利率	7.78%
資產報酬率	0.58%
股東權益報酬率	0.89%

年度	2022	2021	2020	2019
營收淨額（百萬）	2,399	1,901	1,569	1,574
營業毛利（百萬）	1,319	912	814	864
營業獲利（百萬）	414	165	105	224
稅後純益(百萬)	182	104	28	161
股本(百萬)	857	857	767	767
EPS (元)	2.13	1.32	0.36	2.1
最高總市值（百萬）	16,283	10,498	13,345	9,204
最低總市值（百萬）	6,170	5,484	3,850	6,435
最高收盤價	190	122.5	174	120
最低收盤價	72	64	50.2	83.9
最高本益比	89.2	92.8	483.33	57.14
最低本益比	33.8	48.48	139.44	39.95

投資評估重點

公司基本面：

　　寶齡富錦 2004 年興櫃，2018 年掛牌上市，原以藥妝產品行銷為主，但投資檸檬酸鐵洗腎藥後，隨著全球營收大增，**寶齡**坐收權利金的分潤，而成為生技投資重點公司之一。近年**寶齡**併購上游原料藥廠**正峰化學**，取得檸檬酸鐵的生產，準備進軍國際檸檬酸鐵的原料藥提供，另外其中國洗腎臨床試驗是自行開發的，並授權中國洗腎通路**山東威高**。期待未來，隨著中國藥證的取得與營收成長，可另外收取中國權利金與中國市場分潤，錦上添花。

　　寶齡近年也進入快篩試劑的開發，並在新冠疫情期間，搶得快速上市和政府採購商機。未來**寶齡**快篩試劑會朝一劑多篩開發，同時篩新冠與流感，讓醫師可分辨之；而醫美產品部份，主攻醫美診所通路，展現醫師肯定的療效，以區隔競爭激烈的醫美市場。

　　寶齡的洗腎藥原料為高純度藥用級**檸檬酸鐵 (Ferric Citrate)**，鐵帶正電，可結合食物中的磷酸 (帶負電)，降低高血磷，**檸檬酸鐵**也可補充慢性腎病病患的貧血，故檸檬酸鐵一藥雙用，針對二期別的腎病病患，一為已經在洗腎的透析者，功能是去除洗腎者的高血磷，另一功能是補充鐵劑，針對尚未洗腎的 ＂透析前＂ 病患。讀者可能會問，那患者不能用普通補血劑嗎？營收會說話，自從其美國夥伴取得慢性腎病補血藥證後，營收節節上升，因為洗腎是醫師開藥市場。

圖 6-1　檸檬酸鐵一藥雙用, Nephoxil (拿百磷) 為商品名

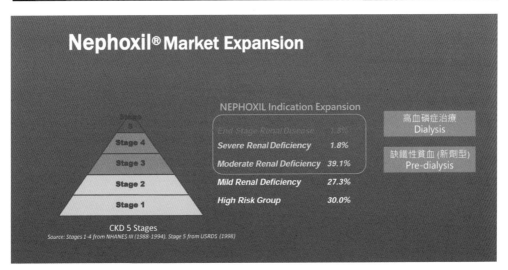

✚ 資料來源：寶齡富錦 2023 年法説會

　　時至今日，光美國檸檬酸鐵 (商品名Auryxia) 累計營收已過數億美金，2023 年預估 1.75 億美金，寶齡分潤約 6%。而中國若上市，其合資公司分潤約 42%。

圖 6-2 檸檬酸鐵美國市場及成長率

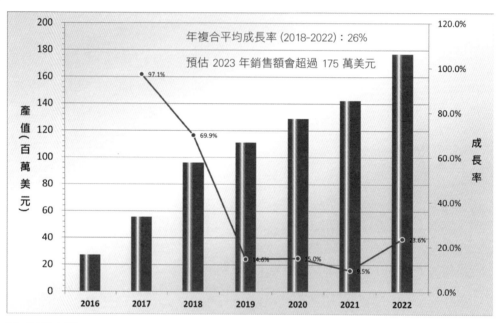

年複合平均成長率 (2018-2022)：26%

預估 2023 年銷售額會超過 175 萬美元

✚ 資料來源：Akebia

　　檸檬酸鐵的分子結構雖然簡單，但其原料藥的生產卻極為困難，特別是在結晶過程中，這部分關乎到磷酸的吸附效率。因此，儘管專利期已過，直至2023年為止，如果沒有合格的原料藥供應商，學名藥的問世將成為一大難題。為了長遠的發展計畫，**寶齡**選擇併購其中一家原料藥生產商－**正峰**，並對生產製程進行優化，從而降低成本。寶齡計劃將產能提升至百噸級，以滿足全球市場的需求。也就是說，即便學名藥出現，**寶齡**依有機會成為學名藥商的原料藥供應商。

註 學名藥的出現，非只觀察專利到期與否，還須觀察原料成本，沒有低成本優勢，學名藥很難取代原品牌廠。尤其是醫院用藥，因為處方是由醫生開的，這和藥妝店的學名藥有很大的差別。檸檬酸鐵不是癌症藥，因為價格不高，學名藥不見得有動機進來競爭。

▌未來觀察：

　　腎病新藥 Nephoxil 錠劑於 2015 年至 2021 年陸續通過美國、日本、歐洲、韓國等多國的新藥上市許可，全球締造兩億美元的年銷售成績，而**寶齡**自行製作的拿百磷膠囊，已完成中國臨床實驗，藥證取得指日可待，將有不錯的授權金收入，及未來分潤，其合資公司分潤約 42%。

美時 1795

台灣開發, 國際銷售利基型學名藥

公司基本財務資料

公司名稱	美時化學製藥股份有限公司
公司英文簡稱	Lotus Pharm
董事長	Vilhelm Robert
總經理	Petar Antonov
公司成立日期	1966/6/30
公司地址	桃園市龜山區興業街5號2樓之1
上市日期	2019/12/16
實收資本額	2,624,713,120
普通股發行股數	262,471,312

2023 Q2 獲利能力	
營業毛利率	58.66%
稅前淨利率	34.31%
資產報酬率	4.50%
股東權益報酬率	8.64%

年度	2022	2021	2020	2019
營收淨額（百萬）	14,633	12,649	10,729	9,175
營業毛利（百萬）	7,806	5,640	4,597	4,248
營業獲利（百萬）	4,111	2,295	1,613	1,113
稅後純益(百萬)	3,021	1,403	1,030	678
股本(百萬)	2,625	2,627	2,453	2,431
EPS (元)	11.59	5.5	4.22	2.74
最高總市值（百萬）	70,744	40,587	28,823	32,940
最低總市值（百萬）	22,155	17,496	10,928	17,017
最高收盤價	269.5	154.5	117.5	135.5
最低收盤價	84.4	66.5999	44.55	70
最高本益比	23.25	28.09	27.84	49.45
最低本益比	7.28	12.11	10.56	25.55

投資評估重點

產業面：

全球製藥業隨新藥專利到期，而讓學名藥公司有進入分食的機會，其中暢銷藥的專利破口為學名藥廠最喜歡提前攻入的對象，即美國橘皮書的 Paragraph 4，P4 學名藥。學名藥廠可經由攻打 P4 專利缺口，而與原廠談合解，提前瓜分市場。另外劑型改良也是分食原廠藥的不錯途徑，如**漢達**的策略。**美時**在 P4 學名藥的開發上投入很多心血，由台灣選藥，再交由美國 Alvogen 打官司與行銷，二相配合，**美時**過去幾年成績斐然。

公司基本面：

美時製藥於 1966 年成立、2004年興櫃，並於 2019 轉上市，為台灣最早取得美國、歐洲、日本和台灣 GMP 查廠通過的國際藥廠，於是被冰島起家的 Alvogen 集團看中，2014 年併購之，雙方截長補短，台灣負責研發，主攻困難學名藥；Alvogen 則負責國際行銷。併購隔年，Alvogen 灌全球營收進來，合併營收 55 億台幣，而真正獲利轉捩點是 2019 年的戒毒藥 (Buprenorphine/Naloxone) 之役，美時在專利官司上打敗美國原廠，當年營收突破 91 億台幣。2022 年，美時又以 Lenadidomine 血癌藥的專利攻打，迫使原廠與之合解，提前上市瓜分原廠市場。

美時 2022 年的營收為 146 億元，成長約 15%，營收主要來自於旗下癌藥 Lenalidomide (主營收)、中樞神經用藥 Trazodone、高血鉀症 Calcium polystyrene sulfonate 等多項產品。美時以外銷為主，於 2022 年，各國佔比為美國 40%、韓國 36%、台灣 10%，現正積極找尋合作夥伴，佈局歐洲及東南亞市場。

觀察重點：

美時專注於困難學名藥的研發與銷售，現有多項藥品正送件申請藥證中，包括治療多靶點的暢銷癌藥 Pazopanib 和 Sunitinib、治療骨髓性白血病的 Midostaurin，由於每個國家的市場准入時點不同，各藥證的取得與營收入帳之間也有時間差，不易細項追蹤。另外，美時也進入品牌藥市場，與東南亞市場，故觀察每月每季營收成長性，反而容易些。

保瑞 6472

利用併購取得 CDMO 與利基型學名藥

▌公司基本財務資料

公司名稱	保瑞藥業股份有限公司
公司英文簡稱	Bora
董事長	盛保熙
總經理	盛保熙
公司成立日期	2007/6/12
公司地址	台北市內湖區瑞光路26巷36弄2號6樓
上市日期	2017/4/19
實收資本額	776,898,070
普通股發行股數	77,689,807

2023 Q2 獲利能力 (主為併購效益)	
營業毛利率	54.95%
稅前淨利率	32.47%
資產報酬率	3.37%
股東權益報酬率	11.59%

年度	2022	2021	2020	2019
營收淨額（百萬）	10,494	4,900	1,800	1,529
營業毛利（百萬）	2,913	1,672	704	643
營業獲利（百萬）	1,922	1,046	226	345
稅後純益(百萬）	1,402	750	578	305
股本(百萬）	757	685	541	394
EPS（元）	18.52	11.04	10.76	7.9
最高總市值（百萬）	35,390	16,926	8,277	4,098
最低總市值（百萬）	10,076	7,843	3,278	1,872
最高收盤價	467.5	247.1	153	104
最低收盤價	133.1	114.5	60.6	47.5
最高本益比	25.24	22.38	14.22	13.16
最低本益比	7.19	10.37	5.63	6.01

投資評估重點

公司基本面：

保瑞由默默無名，到成為台灣千金一員，主要是靠學名藥的併購綜效，這與保瑞總經理盛保熙的個人能力有很大的關係。保瑞藥業成立於 2007 年，2017 年上櫃。於 2018 年 1 月，正當全球藥廠受到新冠疫情肆虐之際，保瑞因緣際會地以 5.55 億台幣的價格，全盤接收了國際知名學名藥製造商 Impax Laboratories 旗下的益邦製藥全部股權。這次收購不僅讓**保瑞**得到竹南的廠房，更獲得了**益邦**的藥證和專業人才,讓公司第一次華麗轉型。到了 2022 年，**保瑞**又收購另一華人學名藥知名公司－**安成藥(Twi)**，並取得**安成**的所有藥證，其中包括 2023 年貢獻**保瑞** 67% 營收的胃食道逆流學名藥，Dexilansoprozole ，並與同在台灣的興櫃公司**漢達/Par** 爭奪該藥的全球學名藥市佔率。

　　保瑞的併購策略成功於天時地利人和，於景氣最差年代，併購最好的二家國際學名藥藥廠，善用人才，去蕪存菁，並以營收攤銷併購成本，保持財務健全。2023 年上半年營收 79.2 億台幣， EPS 高達 22.8 元，股價也曾衝到台幣破千元！

　　保瑞 2023 年的獲利主要來自於前述的暢銷藥 Dexilansoprozole,自家取證、自家生產、自家行銷，不用與通路商分潤，貢獻毛利率和淨利率均達到頂峰。而代工獲利也主要來自於學名藥，因為學名藥才有"量"，而幫新藥開發的 CDMO 暫時不會量產，因為沒有"量"。**保瑞**之前併入的眼藥廠**景德製藥**，也將進入眼科大藥生產，至於旗下的**保瑞生技** (前身為**喜康生技**) ，則接蛋白質藥的 CDMO。

▎觀察重點：

　　保瑞一直走雙引擎策略，自家利基藥品的行銷，和幫客戶的代工，雙頭進行。因為利基藥競爭激烈，不易常青，必須維持穩定的代工量。故投資上除觀察明星產品的學名藥競爭外，其他觀察每月營收、進行股價調節。

保瑞因為是高價股，主要由外資或有錢的投資者在持股，散戶須注意主力的進出。

解讀 CDMO

CDMO是「委託開發暨製造服務（Contract Development and Manufacturing Organization）」的英文縮寫，可使用於各產業。在生技製藥界，白話文解讀就是從藥物開發開始，就與客戶合作，從小陪到藥物進入臨床實驗，最佳期待當然是希望客戶取得藥證，CDMO 廠也可取得長期的代工生產飯票。

若萬一客戶藥物開發未成功，或 CDMO 廠產能不足，客戶琵琶別抱時，CDMO 廠仍有勞務費可收，比起新藥開發，風險小很多。故台灣一時風行 CDMO，例如永昕放棄 biosimilar 改做 CDMO 。

台耀 4746

利基型原料藥公司,
多項原料藥具全球寡佔優勢

公司基本資料

公司名稱	台耀化學股份有限公司
公司英文簡稱	FRMSL
董事長	程正禹
總經理	程正禹
公司成立日期	1995/12/29
公司地址	桃園市蘆竹區坑口里和平街36號
上市日期	2011/3/1
實收資本額	1,202,559,630
普通股發行股數	120,255,963

2023 Q2 獲利能力	
營業毛利率	45.87%
稅前淨利率	9.18%
資產報酬率	0.45%
股東權益報酬率	0.73%

年度	2022	2021	2020	2019
營收淨額（百萬）	3,766	3,142	3,075	2,760
營業毛利（百萬）	1,390	971	945	825
營業獲利（百萬）	163	-168	28	24
稅後純益(百萬）	217	1,044	329	-41
股本(百萬）	1,203	1,203	1,083	990
EPS (元)	3.4	10.92	3.78	0.12
最高總市值 (百萬)	9,528	12,271	6,585	4,475
最低總市值 (百萬)	5,365	5,209	3,357	3,218
最高收盤價	79.2	102	60.8	45.2
最低收盤價	44.6	43.3	31	32.5
最高本益比	23.29	9.34	16.08	376.67
最低本益比	13.12	3.97	8.2	270.83

投資評估重點

▎產業面：

　　原料藥是個國際競爭非常激烈的市場，但台灣原料藥公司經過國際洗禮，現存者各有競爭利基，請見第三篇的分析。

公司基本面：

台耀的總經理**程正禹博士**,曾在美國杜邦工作, 也曾是台大藥學系教授, 在選擇藥物方面,有其優勢；**台耀主要墊基產品為降膽固醇磷酸鹽吸收劑**, 以及維他命 D 衍生物, 後者是荷爾蒙, **台耀**為全球主要提供者。而前者**台耀**一直是全球排名前三的原料藥提供者。**台耀**靠這二項全球寡佔產品, 而保有久續的營收。

近年**台耀**增加高毒性癌藥的原料藥提供, 並建立一條龍服務, 連後段的針劑填充均可在**台耀**的 GMP 廠房一站式完成。另外, **台耀**旗下也成立投資部門, 除早期投資**台康生技**相似藥之外, 後來也投資**台新藥** (眼科止痛針劑, 與 ADC biosimilar 開發)。

ADC (antibody-Drug Conjugate) 是單抗結合高毒癌藥的複合體, 簡單來說, 就是長眼睛的化療藥, 可以找到癌細胞後, 再於癌細胞胞內發揮炸彈功效, 炸死癌細胞。**台耀**提供ADC高毒性癌藥的部份, 台康提供ADC單抗的部份, 集團共同合作Kadcyla的ADC.

註 Kadcyla 原廠為羅氏大藥廠, 乃結合 Her2+ 和高毒化療藥 taxane 的複合體藥物, 2022 年銷售額高達美金 22.65 億。

觀察重點：

台耀為美、歐膽固醇及磷酸鹽結合劑市場的主要供應商, 每年EPS 有一定的水準,配息率高, 可逢低佈局做長線。但因投資**台康**和**台新藥**, 而有業外投資股價評價的困擾, 期望市場回歸本業評估, 還其公道。

表 台耀原料藥產品線 (*具全球寡佔優勢)

產品分類	產品名		
降膽固醇及磷酸鹽吸收劑Cholesterol and Phosphate Binders	Colesevelam HCl*	Colestipol HCl	Sevelamer HCl Sevelamer Carbonate
維他命 D 衍生物 (荷爾蒙調節劑、牛皮癬用藥...)	Calcifediol * Calcitriol* Paricalcitol*	Alfacalcidol Doxercalciferol	Eldecalcitol Maxacalcitol
消炎止痛劑	Capsaicin	Capsaicin Elagolix Sodium	Nonivamide
呼吸用藥 Respiratory Agents	Benzonatate		
中樞神經系統用藥	Taltirelin hydrate	Fludiazepam	
癌藥	Imatinib Mesylate Nintedanib Esylate	Pazopanib HCl Rucaparib Camsylate	Temozolomide
免疫抑制劑 Immunomodulators	Leflunomide Mycophenolate Mofetil	Mycophenolate Sodium	Teriflunomide
類固醇 Steroids	Levonorgestrel	Mifepristone	
核磁共振顯影劑 MRI Enhancing Agents	Gadoterate Meglumine	Gadobutrol	
其它	Ferric Carboxymaltose	Patiromer Sorbitex Calcium	Linezolid

中裕 4147

愛滋病單抗藥物開發

公司基本財務資料

公司名稱	中裕新藥股份有限公司
公司英文簡稱	TMB
董事長	張念原
總經理	張金明
公司成立日期	2007/9/5
公司地址	台北市內湖區瑞光路607號3樓
上市日期	2015/11/23
實收資本額	2,526,680,000
普通股發行股數	252,668,000

2023 Q2 獲利能力	
營業毛利率	32.50%
稅前淨利率	-45.89%
資產報酬率	-1.09%
股東權益報酬率	-1.78%

年度	2022	2021	2020	2019
營收淨額（百萬）	563	413	722	705
營業毛利（百萬）	216	84	321	230
營業獲利（百萬）	-192	-486	-133	-390
稅後純益(百萬)	-269	-471	-183	-579
股本(百萬)	2,525	2,523	2,522	2,521
EPS (元)	-1.07	-1.87	-0.73	-2.3
最高總市值 (百萬)	18,382	21,319	31,021	46,386
最低總市值 (百萬)	13,282	14,961	13,215	23,849
最高收盤價	72.8	84.5	123	184
最低收盤價	52.6	59.3	52.4	94.6
最高本益比	-68.04	-45.19	-168.49	-80
最低本益比	-49.16	-31.71	-71.78	-41.13

投資評估重點

公司基本面：

中裕以開發愛滋藥及其他抗感染藥物為主，由於愛滋病市場因為小分子抗病毒藥療效佳且普及化，全球愛滋病市場萎縮中，故以下文章以討論技術為主，由技術推估中裕的產品未來。

中裕主要產品是 Ibalizumab (商品名 Trogarzo)，昔稱 TMB-355，原為美國 Tanox 生技公司的產品；中裕在 TMB-355 臨床二期初期技轉進來，除完成臨床三期實驗外，並進行第二代產品的改良，於 2018 年獲美國 FDA 藥證。Ibalizumab 為全球臨床進展最佳的愛滋單株抗體藥物，副作用低，對無藥可醫的愛滋病患仍有不錯療效。

2011 年公司曾以極低價格自加拿大技轉二個愛滋小分子藥物；在對抗愛滋病毒的五大機制裡面，**中裕**的藥物即含蓋其中三種治療方法，加上預防性的愛滋疫苗。可惜大部份產品未有進展，近年股價疲弱。小分子藥部份，由於其他口服抗病毒藥療效甚佳，**中裕**開發過慢，失去先機。而愛滋口服藥較單抗藥物的注射方式方便、便宜，所以單抗藥物要進入一線治療有難度，即使進入一線市場，單抗針劑的高價是否有市場，也還須再觀察。

2023 年，**中裕**想利用 TMB365/380 二單抗混合，開發長效劑型，與 TMB355 一樣，主在擋住HIV病毒進入細胞。然而，二單抗功能類似，未有綜效，合併劑量又高，以靜脈施打，須時甚久，實際的實用性仍有待觀察。 TMB365/380 在臨床設計上先有一先峰實驗，即合併現有療法的劑型觀察，已於 2023 年 9 月公佈，最後採二個月型的劑型；而真正見真章的是核心實驗，為單獨用藥的療效統計，採開放試驗 (open lable) 非雙盲，預計 2024 年底會浮出統計數據。

事後諸葛較容易，但利用線索推估未來，則會帶來財富，當您看到本書時，**中裕**也許已有療效數據和營收數字了，正好可以驗證以上的推論是否正確。推論來自於產業研究與臨床實驗設計的觀察，由臨床設計，可推敲公司的商業計劃。建議讀者可至網站 clinicaltrials.gov 細讀其臨床設計，結合其他競爭者資訊，進行整體"抗病毒藥物"的評估，即會有些心得。畢竟，許多抗病毒治病的原理是互通的。

　　商業和股票投資是另一回事，我們仍讚賞**中裕**為愛滋病患的長期努力。

愛滋病感染人口與狀況：
- AIDS 感染人數：全美 120 萬人，全歐 230 萬人
- 美國每年新增案例 3.5 萬件，整體市場因藥物控制得宜而縮小。
- 在美國有 60% 的人會接受治療，約有 13% 的人不知道自己被感染
- 治療費用由私人保險或各州政府支出
- 全球愛滋藥物的市場約 280 億美金

競爭面與市場面：

　　愛滋藥物市場約 280 億美金，目前市面上愛滋藥物約 20-30 種，都是小分子藥物，主要進入人體細胞阻斷 AIDS 病毒在我們細胞內的作怪，只有**中裕**的 TMB-355 把愛滋病毒擋在細胞門外，阻擋病毒進入我們的細胞內搞破壞；所以中裕的 TMB-355 副作用少，只在打針處有紅腫，不像其他小分子毒物會引起病患噁心、嘔吐及肝中毒等副作用。因此**中裕**藥物受到 FDA 的肯定，於 2018 獲得美國藥證及上市。

技術面：

- 愛滋病毒 HIV 主攻我們免疫細胞，使我們失去對抗疾病的能力，行徑惡劣。

- HIV 是以自己的 gp120 蛋白質 (鑰匙) 與人體的免疫細胞 T cell 上面的 CD4 receptor 結合 (大門)，進入人體 (HIV 自己有鑰匙可以打開門進入我們細胞，真可怕)。

● HIV 進入人體細胞後就利用細胞內的物質，大量複製子弟兵，以攻
zz擊更多的人體細胞 (鵲巢鳩占，還搞破壞，這就是 AIDS 病毒的惡
毒技倆)。

● 愛滋藥的治療方式：

大圓球是我們的細胞，病毒進入我們的細胞後，利用各種方式複製它
們的子弟兵，所以科學家就一步一步圍剿，圖中的 ❶、❷、❸、❹、
❺ 表示各種藥物殺病毒的方法，請注意 ❶-❹ 都是病毒進入細胞後
才做補救，只有第五個方法是在病毒還沒進入細胞之前就擋住它們，
讓它們 "門兒都沒有"！

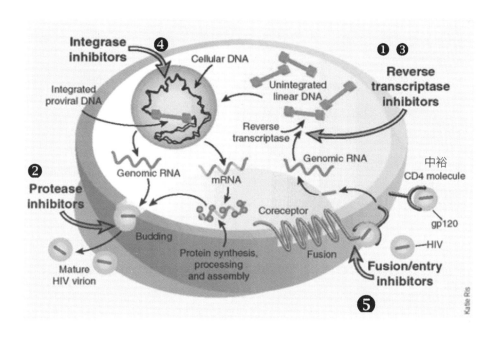

TNX355 是單株抗體藥物，只針對 AIDS 病毒的 gp120，就是
那根鑰匙，做阻撓，沒有鑰匙，病毒就進不了我們的細胞，也就搞不出
破壞了！

2011 年**中裕**另從加拿大技轉二個小分子藥, 作用在圖中的 2 和 4; 也就是**中裕**的產品包含擋住病毒入侵的 entry inhibitor、在細胞內殺死病毒的 integrase inhibitor, 及讓逃脫的病毒無繼續作怪能力的 protease inhibitor, 全面圍攻愛滋病毒。

可惜如前所述, **中裕**的小分子藥開發速度過慢, 其他競爭者的療效甚佳, 導致錯失良機。

▎觀察重點:

中裕回歸於愛滋病單抗藥物的開發, 把原來 TMB355 改成快速靜脈推注 (IV push) 劑型, 並於 2023 年上市, 以改善靜脈注射費時的缺點。

雖然皮下注射會更方便, 但單抗藥物的高分子量, 要做成皮下注射的難度較高。如果原本的抗體設計即不夠完善, , 無法提升病毒吸附力, 更不易做成皮下劑型。簡而言之, 目前皮下注射型產品仍有待觀察。

而前述的 TMB365/380 的長效劑型, TMB-380 作用點仍是病毒表面 gp120 套膜蛋白 (Envelop Protein, ENV) 與人類 CD4 受體 (CD4 receptor) 結合位點 (CD4 binding site, CD4bs), 雖有廣效優點, 但與 TMB365 的綜效尚不明顯, 反而有劑量過度沉重的缺點, 未來觀察單一療效的統計成績。

智擎 4162

新藥開發公司, 胰臟癌新藥權利金入帳

▌公司基本財務資料

公司名稱	智擎生技製藥股份有限公司
公司英文簡稱	PEI
董事長	許瑋瑤
總經理	王宏仁
公司成立日期	2002/8/12
公司地址	台北市中山區民生東路三段10號11樓
上市日期	2012/9/18
實收資本額	1,456,848,400
普通股發行股數	145,684,840

2023 Q2 獲利能力	
營業毛利率	92.40%
稅前淨利率	43.48%
資產報酬率	1.85%
股東權益報酬率	1.97%

年度	2022	2021	2020	2019
營收淨額（百萬）	654	655	1,056	314
營業毛利（百萬）	605	618	1,019	282
營業獲利（百萬）	283	363	810	33
稅後純益(百萬)	319	426	604	43
股本(百萬)	1,457	1,456	1,466	1,467
EPS（元）	2.22	2.95	4.15	0.29
最高總市值（百萬）	21,272	11,910	12,784	17,384
最低總市值（百萬）	8,829	6,931	4,882	9,403
最高收盤價	146	81.8	87.2	118.5
最低收盤價	60.6	47.6	33.3	64.1
最高本益比	65.8	27.7	21	408.6
最低本益比	27.3	16.1	8	221

投資評估重點

公司基本面：

　　智擎成立於 2003 年，是台灣新藥開發最成功的模範，成立才 7 年就以臨床二期數據授權美國 Merrimack 公司 2.2 億美金，最後又通過臨床三期，取得藥證，行銷全球，完成全壘打！

　　智擎以 No Research Development Only 的 NRDO 模式，以美金 3 百萬取得 PEP02 的開發權,經過多年挑戰，最後以胰臟癌的合併治療、與其他現有化療藥搭配綜效得宜，成功延長病患生命而取得藥證上市。PEP 02 總計開發費用 12 億台幣，換回 77 億台幣價值，因權利金的入帳，2013 年智擎 EPS 衝高,拾回台灣人對新藥開發的信心。

　　新藥開發失敗率極高，但如果策略正確，往往會有不錯且長長久久的回報率；**智擎**曾經評估過無數的案子，包括腦癌藥物、呼吸阻塞藥物，但最後以 PEP02 這個癌症藥投入最深。在胰臟癌方面，經過多年的研究以及大量資金的投入後，終於完成在美國、台灣、歐洲、日本、韓國等多國的上市許可。

　　PEP02 是把一個老的癌症藥物 Irinotecan 以 PEG 和 Liposome 包埋，使降低 Irinotecan 的毒性，並加強藥物與癌細胞接觸時間，以增加殺癌功效的新藥，嚴格而言，是一種老藥新劑型的改良策略，比開發一個完全創新的癌藥風險小些，至少已知Irinotecan 的毒性，知道要如何克服。

　　Liposome 可以結合親水性和厭水性物質，使不溶於水的物質有較好的水溶性，是一種老技術，但是要把 Liposome 做到奈米程度，並控制到 100nm 均一的顆粒，且能大量生產，那就不是一般實驗室可以做得到的事；而**智擎**結合 Liposome 公司 **Hermes** 和**東洋**，克服一切障礙，完成在胃癌、胰臟癌方面的療效，值得讚賞。

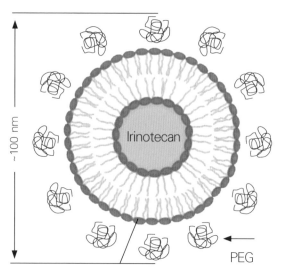

Phospholipid bilayers & Cholesterol

孤兒藥與 Fast Track

孤兒藥在各國有不同的病患數門檻, 在美國, 孤兒藥是指罹患人口少於二十萬人的病症；Fast Track 是針對重大疾病且目前無有效療法的藥物, 給與六個月先審權的優惠, 也就是臨床結果若不錯, FDA 會加速審查, 儘量在六個月內核可上市, 以救助病患的意思 (請參考第 2-3 章)；通常拿到 Fast Track 算是一種榮譽和肯定, 表示藥物的價值。而孤兒藥人口雖不高, 但**智擎**的癌藥未來可以擴用到其他癌症, 則會增加市場。

觀察重點：

智擎的 PEP02 (安能得) 已多國上市多年, 在胰臟癌領域獲得亮眼的表現。PEP02 也正在進行直腸癌、胃癌、腦癌、骨癌其他癌症的一、二期臨床實驗。此外, 智擎另外開發 PEP06 及 PEP07, 臨床一期中, 已有授權成績。

未來觀察 PEP06 及 PEP07 的臨床解盲和授權金收入。

合一 4743

免疫藥品台灣新藥授權最高額,
糖尿病足植物藥療效佳

公司基本財務資料

公司名稱	合一生技股份有限公司
公司英文簡稱	ONENESS BIOTECH
董事長	黃山內
總經理	鄭志慧
公司成立日期	2008/6/2
公司地址	台北市大安區信義路四段236號11樓
上市日期	2011/9/23
實收資本額	4,466,210,510
普通股發行股數	446,621,051

2023 Q1 獲利能力	
營業毛利率	32.15%
稅前淨利率	-1638.89%
資產報酬率	-2.11%
股東權益報酬率	-2.22%

年度	2022	2021	2020	2019
營收淨額（百萬）	1,066	66	42	13
營業毛利（百萬）	844	45	31	-4
營業獲利（百萬）	-241	-878	-673	-312
稅後純益(百萬）	352	-413	-252	-326
股本(百萬）	3,910	3,853	3,771	3,525
EPS（元）	0.93	-1.06	-0.68	-1.28
最高總市值（百萬）	101,973	110,119	148,540	10,223
最低總市值（百萬）	54,232	55,984	6,712	8,178
最高收盤價	260.8	285.8	393.9	29
最低收盤價	138.7	145.3	17.8	23.2
最高本益比	280.43	-269.62	-579.26	-22.66
最低本益比	149.14	-137.08	-26.18	-18.13

投資評估重點

公司基本面：

合一成立於 2008 年，於 2011 年上櫃，為併購**泉盛**後的新藥公司，旗下有二大新藥，一是技轉自生技中心的左手香植物藥 ON101，另一個則是來自**泉盛**的 FB825 免疫調節單抗新藥，FB825 大有來頭，乃氣喘大藥Xolair的進化版，並以台灣有史以來最高授權金額的5.3 億美金總額，授權給丹麥的 Leo Pharma，雙方共同開發氣喘與異位性皮膚炎這二個適應症。**泉盛**尚有其他蛋白質藥，還在進行最佳定位。

先說左手香這植物藥，左手香為民間傳統皮膚用藥，故已知療效，但要成為真正的植物藥還是須要經過來源專一 (於專門GAP農場種植收成)、成份穩定、每批次生產的有效成份確效，及臨床療效數據等等關卡。這藥早年由生技中心開發，故在研發上做了一定程度的研究，後由**合一**在中國完成三期臨床實驗，療效佳，目前等待藥監局的最後藥證審查中。植物藥最難通過的地方是 CMC (chemical manufacturing control)，即每批次有效成份的穩定性，CMC 不易取得主管單位的滿意。合一經由 FDA 法規專家指點，最後在美國先以醫材取得美國上市許可，至於療效實驗，FDA 要求白種人及其他人種數據，故尚在美國臨床三期實驗中。

FB825 乃享譽全球氣喘神藥Xolair的先進版，於過敏的更上游調控過敏性疾病，包括氣喘與異位性皮膚炎，期盼達到治本的境界。此藥來自於中研院**張子文博士**的實驗室，張博士即為 Xolair 的開發者。FB825 乃單株抗體新藥，可與 B 細胞表面 IgE 的 $C\varepsilon mX$ 片段結合，進而阻斷漿細胞的形成及 IgE 的大量生成，期待達成治療與預防過敏疾病的治本效果。

2020年，**合一**與丹麥的全球皮膚醫學大廠**利奧製藥** (LEO Pharma) 簽下 FB825 的共同開發合約，簽約金和里程金合計 5.3 億美元，創下台灣有史以來最大的新藥授權案。

6-3 > **FB825 由上游即阻斷 IgE 的形成，比 Xolair 更先進**

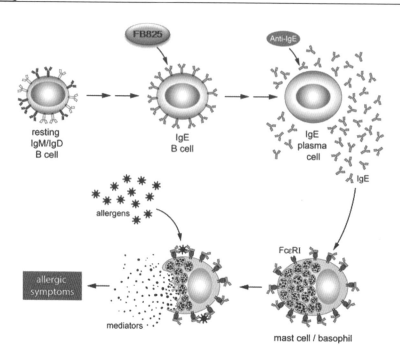

▌投資觀察重點：

　　合一為新藥開發公司，於 2020 年取得權利金獲得金援後，無須再募資。新藥公司不以營收評股價。未來觀察旗下兩款主力藥品的開發進度。

● ON101 觀察重點：中國藥證的取證進度，和美國的臨床三期實驗進度。

● FB825 觀察重點：臨床二期數據，與未來開發進展。

　　由於這兩大藥物的研發進程需要較長的時間，其具體成果難以短期內顯現。因此，目前公司的股價處於區間盤整的狀態。

藥華藥 6446

干擾素新藥開發, 尚未損平的生技股王

公司基本財務資料

公司名稱	藥華醫藥股份有限公司
公司英文簡稱	PEC
董事長	詹青柳
總經理	黃正谷
公司成立日期	2000/5/9
公司地址	台北市南港區園區街3號13樓
上市日期	2016/7/19
實收資本額	3,395,043,910
普通股發行股數	339,504,391

2023 Q2 獲利能力	
營業毛利率	91.77%
稅前淨利率	-16.05%
資產報酬率	-0.86%
股東權益報酬率	-1.08%

年度	2022	2021	2020	2019
營收淨額（百萬）	2,882	657	557	306
營業毛利（百萬）	2,070	278	184	244
營業獲利（百萬）	-2,028	-2,822	-1,716	-849
稅後純益(百萬)	-1,375	-2,811	-1,948	-843
股本(百萬)	3,025	2,769	2,634	2,250
EPS (元)	-4.84	-10.8	-8.04	-3.85
最高總市值（百萬）	187,248	109,652	36,692	40,613
最低總市值（百萬）	72,600	19,466	14,408	22,230
最高收盤價	619	396	139.3	180.5
最低收盤價	240	70.3	54.7	98.8
最高本益比	-127.89	-36.67	-17.33	-46.88
最低本益比	-49.59	-6.51	-6.8	-25.66

投資評估重點

公司基本面：

　　藥華藥於 2003 年開始營運，2016 年上櫃，公司主要開發長效干擾素 P1101，此藥應用於紅血球增生 (polycythemia vera, PV)，已於 2021 年取得美國 FDA 藥證，之後又陸續取得台、歐、日、韓等多國的販售許可。藥華藥開發的 P1101 是 beta 型的干擾素，有別於市場上的 alfa 型干擾素，藥華藥將 beta 干擾素開發成長效劑型。

　　干擾素 interferon 是人體本來就會產生的蛋白質, 細胞遇到外來病毒時, 即會產生干擾素, 保護其他未被感染的細胞, 但是干擾素並無法殺死病毒。人工干擾素於 1980 年代被產業化上市生產, 但隨著科技的進展, 大藥廠對這款 "老藥" 失去興趣, 這種情況卻為藥華藥提供了一個絕佳的機會, 在與其合作夥伴 AOL 的共同開發之下, 藥華藥進軍紅血球增生 (PV) 與血小板增生 (ET) 的孤兒藥市場。

　　紅血球增生被認為是癌前病變, 患者血液濃稠, 經常需要放血治療。P1101 經過很長的臨床實驗, 終於展現療效, 比另一顆高價藥品 Jakafi 對紅血球增生病患的療效更佳, 也取得高藥價, 每年治療費號稱高達 15 萬美金, 而這天價也在台灣造成轟動, 讓藥華藥被市場追捧為新藥股王。然而, 高藥價不見得有普及率, , P1101 上市二年, 至今無法損平, 股價下跌。

觀察重點 :

　　除了 PV 領域, 藥華藥正積極開發 P1101 在血小板增多症、肝炎、癌症等多症狀的泛用性, 但藥物開發太慢, 股本又太大, 其他新藥都難以取代 P1101 的獲利, 故在重磅藥還未出現前, 主要還是觀察P1101 的營收和血小板增生的臨床進度。

長聖 6712

細胞治療專家, CAR-T進入國際賽道

公司基本財務資料

公司名稱	長聖國際生技股份有限公司
公司英文簡稱	Ever Supreme
董事長	劉銖淇
總經理	黃文良
公司成立日期	2016/12/6
公司地址	台中市中部科學工業園區大雅區科雅路30號4樓
上市日期	2021/1/8
實收資本額	749,587,300
普通股發行股數	74,958,730

2023 Q2 獲利能力	
營業毛利率	61.47%
稅前淨利率	43.01%
資產報酬率	2.55%
股東權益報酬率	2.80%

年度	2022	2021	2020	2019
營收淨額（百萬）	628	439	71	11
營業毛利（百萬）	415	245	-18	2
營業獲利（百萬）	284	116	-157	-135
稅後純益(百萬）	201	370	-107	-94
股本(百萬）	681	618	595	560
EPS (元)	2.95	6	-1.91	-1.68
最高總市值（百萬）	15,976	25,035	11,263	9,906
最低總市值（百萬）	9,691	8,813	4,802	4,026
最高收盤價	234.6	405.1	189.3	176.9
最低收盤價	142.3	142.6	80.7	71.9
最高本益比	79.53	67.52	-99.11	-105.3
最低本益比	48.24	23.77	-42.25	-42.8

投資評估重點

公司基本面：

● 細胞治療一條龍公司，具研發與醫療專業。

● 台灣特管法下的自體細胞癌症免疫治療具療效數據。

● 台灣特管法下的自體幹細胞應用於心梗與中風：臨床實驗中。

● 異體現貨型CAR-T，針對固體癌，進入國際賽道，若成功，有授權價值。

長聖成立於 2016 年，並於 2021 成功上櫃。技術來自於**中國醫藥大學**，主由周德陽院長領導，周院長深耕細胞治療幾十年。**長聖的醫師團隊**由醫療角度選定目前藥物無法改善的疾病，如中風、心梗，並藉由醫院資源，使用放療或手術切下來的腫瘤，訓練樹狀細胞，搭配細胞激素的使用，故與其他細胞治療公司相比，在末期癌症的免疫治療上(DC與DC-CIK)，總控制率高達70~80%，這是斷鏈醫療無法做到的成績，也是吸引病患接受治療的主要因素，並反應在長聖的細胞生產營收上。**長聖主要股東為**中國醫藥大學的董事長，蔡長海醫師。

長聖的營運有三，包括：

● **細胞工廠 (cell production center)**：提供臨床實驗或醫院治療用的細胞 (幹細胞或免疫細胞)，幹細胞主要來自於異體的臍帶血幹細胞；免疫細胞則來自於病患的自體細胞。**(註一)**

● **細胞治療臨床實驗**：又分二大類，一為幹細胞使用於中風、心梗，此方病人難收，須時間。另一大宗為癌症的免疫治療，**長聖**使用腫瘤切下物或放療後的產物，訓煉樹狀細胞 DC 認識該病患的腫瘤抗原，屬個人化治療，療效佳，總控制率 70%。另外加入細胞激素的殺手細胞 CIK (Cytokine Induce Killer Cells) 細胞治療，對末期癌患的療效總控制率高達 79%，位居台灣之冠。**(註二)**

● **CAR-T 細胞治療開發**：與目前國際 CAR-T 不同於**長聖**使用異體的 Gamma Delta T 細胞，故可現貨，於工廠先製備好，不須等病人入院再抽細胞／植入基因／擴增….等等耗月的製備。在植入基因產生超級 T 細胞方面，長聖使用 HLA-G 腫瘤抗原，文獻指出正常細胞表現少，脫靶效應可降低，**長聖**還將 HLA-G 奈米化，減少不必要的副作用與負荷，另外**長聖**又把最好的細胞調節因子全塞入它的 CAR-T 設計中。簡單來說，**長聖**有用心，想在 CAR-T 國際競賽中，佔有一席之地，密切追蹤之。**(註三)**

註一：2018年台灣衛福部的細胞管理法規中主張細胞治療應仿照藥物,生產者與臨床施用者應分開,使細胞工廠能如藥廠般,接受主管單位查廠,最終須符合GMP,而不是在診所或實驗室偷打,造成病人沒保障的現象。

註二：總控制率是指包括全癒CR (complete response)、部份癒PR(partial response)及穩定未惡化SD (stable disese) 的加總。

註三：請另見 3-7 章的細胞產業介紹。

▌觀察重點：

● 截至 2022 年底，受惠於細胞製備的委託服務增長（約佔總營收66%），長聖成功轉虧為盈，而其癌症細胞治療的有效，也吸引更多病患前來治療。

● 長聖目前研發中的產品有自體樹突細胞疫苗 ADCV01，現於 TFDA第二期臨床實驗階段;臍帶幹細胞 UMSC01於心肌梗塞與中風治療，則在台灣二期臨床實驗中。

● 長聖最有國際競爭力的新藥開發產品是 CAR-T，採異體現貨，針對固體癌，2023 年底預計申請美國臨床一期試驗，密切觀察送件進度與臨床解盲。若成功，有國際授權機會。

　　長聖在細胞委託製造服務領域表現亮眼，穩定的營收成長及充足的資金都有利於公司成長，預估 2023 年 EPS 可再創新高。尤其是在 CAR-T 開發上，不僅解決了現有的治療瓶頸，也吸引了全球多家藥廠的目光。後續臨床解盲，投資人可密切觀察之。

　　另外，由興櫃將轉上市的**全福** (再生治療乾眼症)、**國邑** (肺動脈高壓劑改藥)、**漢達** (利基學名藥，劑改藥)、**育世博** (應用諾貝爾獎 click-chemistry 於細胞治療的國際創新技術公司)，為台灣生技帶來更多亮點與希望！請持續觀察。

附錄 名詞解釋

中文	英文/簡稱	簡介	相關章節
DMF	Drug Master File	登錄於FDA網站,表示該公司可提供符合藥典規格之原料藥	3-1
FDA	Food & Drug Administration	美國食品藥物管理局	2-4
TFDA	Taiwan Food & Drug Administration	行政院／衛生署／台灣食品藥物管理局	
大分子藥物	Large molecule	乃指分子量數千Daltons以上的藥物,如酵素,血球生成素,單株抗體…等,大部分為蛋白質,故又稱蛋白質藥物	2-1, 3-3
小分子藥物	Small molecule	指分子量數百Daltons以下的分子,大部分為化學物質	2-1
生物製劑	Biologics	泛指由生物生產來的藥物或疫苗,包括早期的病毒性疫苗,細菌生產的人工重組蛋白質,和目前的單株抗體藥物	2-1
生物仿製藥	Follow-on biologics	專利過期的生物藥物	2-5
受體	receptors	細胞表面上的蛋白質,為細胞內外溝通的管道	3-4
原料藥	Active Pharmaceutical Ingredients/API	藥品有效成份	3-1
單株抗體	Monoclonal antibody/mAb	針對某一抗原而產生的特異性抗體,已純化至可由單一細胞源源不斷生產;中國翻譯為"單克隆抗體";克隆 (Clone) 為複製的意思,也就是從單一來源不斷複製,衍生出無數完全相同的後代,像印表機一樣	3-4, 3-5
單抗試劑	Monoclonal antibody reagent	由單株抗體產生的檢驗試劑,特異性和靈敏度均較一般生化檢測試劑高	3-5
單抗藥物	Antibody drug	針對某一特定標的而產生的抗體藥物,可"中和"或"去除"特定肇事源,又稱魔術飛彈或標靶藥物	3-4
植物新藥	botanic drug	由植物、真菌或藻類開發而來的藥物分子	3-6
標靶藥物	Magic bullet	只針對有問題的細胞做治療,而不會影響到其他細胞的藥物,通常指的是單株抗體藥物	3-1
學名藥	Generic drug	專利過期的藥物	2-4
生技類新藥	bio-similar	專利過期的生物藥物,台灣俗稱生技類新藥,中國稱為生物仿製藥	2-5
類新藥	台灣用語, 無專用英文名詞	台灣對非全新藥物的泛稱,包括老藥新劑型或改良過的舊藥分子	

新 生技投資聖經

新 生技投資聖經